MIX
Papier aus verantwortungsvollen Quellen
Paper from responsible sources
FSC® C105338

Anne-Maria Lenhart

Eine Darstellung der Organisation „Lebensborn e.V."

Diplomica® Verlag GmbH

Lenhart, Anne-Maria: Eine Darstellung der Organisation „Lebensborn e.V.", Hamburg, Diplomica Verlag GmbH 2013

ISBN: 978-3-8428-8526-4
Druck: Diplomica® Verlag GmbH, Hamburg, 2013

Bibliografische Information der Deutschen Nationalbibliothek:
Die Deutsche Nationalbibliothek verzeichnet diese Publikation in der Deutschen Nationalbibliografie; detaillierte bibliografische Daten sind im Internet über http://dnb.d-nb.de abrufbar.

Die digitale Ausgabe (eBook-Ausgabe) dieses Titels trägt die ISBN 978-3-8428-3526-9 und kann über den Handel oder den Verlag bezogen werden.

Dieses Werk ist urheberrechtlich geschützt. Die dadurch begründeten Rechte, insbesondere die der Übersetzung, des Nachdrucks, des Vortrags, der Entnahme von Abbildungen und Tabellen, der Funksendung, der Mikroverfilmung oder der Vervielfältigung auf anderen Wegen und der Speicherung in Datenverarbeitungsanlagen, bleiben, auch bei nur auszugsweiser Verwertung, vorbehalten. Eine Vervielfältigung dieses Werkes oder von Teilen dieses Werkes ist auch im Einzelfall nur in den Grenzen der gesetzlichen Bestimmungen des Urheberrechtsgesetzes der Bundesrepublik Deutschland in der jeweils geltenden Fassung zulässig. Sie ist grundsätzlich vergütungspflichtig. Zuwiderhandlungen unterliegen den Strafbestimmungen des Urheberrechtes.

Die Wiedergabe von Gebrauchsnamen, Handelsnamen, Warenbezeichnungen usw. in diesem Werk berechtigt auch ohne besondere Kennzeichnung nicht zu der Annahme, dass solche Namen im Sinne der Warenzeichen- und Markenschutz-Gesetzgebung als frei zu betrachten wären und daher von jedermann benutzt werden dürften.

Die Informationen in diesem Werk wurden mit Sorgfalt erarbeitet. Dennoch können Fehler nicht vollständig ausgeschlossen werden, und der Diplomica Verlag, die Autoren oder Übersetzer übernehmen keine juristische Verantwortung oder irgendeine Haftung für evtl. verbliebene fehlerhafte Angaben und deren Folgen.

© Diplomica Verlag GmbH
http://www.diplomica-verlag.de, Hamburg 2013
Printed in Germany

„Die Entwurzelung ist bei weitem die gefährlichste
Krankheit der menschlichen Gesellschaft:
Wer entwurzelt ist: entwurzelt
Wer verwurzelt ist: entwurzelt nicht.
Die Verwurzelung ist vielleicht das wichtigste und
meistverkannte Bedürfnis der menschlichen Seele."

Simone Weil

Inhaltsverzeichnis

Abkürzungsverzeichnis 9

Einleitung 11

1 Grundlagen der nationalsozialistischen Rassenideologie 15
    1.1 Die Eugenik 16
        1.1.1 Der nordische Gedanke 17
    1.2 Die Rassenideologie Hitlers 18
        1.2.1 Das Verhältnis zwischen Himmler und Hitler 18
        1.2.2 Die Rassenideologie von Himmler 19
    1.3 Die Stellung der Frau im Nationalsozialismus 20
        1.3.1 Kampf gegen Abtreibung 20
        1.3.2 Der Befehl zur außerehelichen Zeugung 21

2 Gründung und Entwicklung des Lebensborn e.V. in Deutschland 23
    2.1 Die Gründung des Lebensborn e.V. 23
    2.2 Die Entstehung der Entbindungs- und Kinderheime 24
    2.3 Die Satzung und ihre Auslegung 26
    2.4 Die Finanzierung des Lebensborn e.V. 27
    2.5 Die Reorganisation des Vereins und Umstrukturierung des Vereins 29
        2.5.1 Der Verwaltungsapparat 29
    2.6 Das Personal des Lebensborn e.V. 30
        2.6.1 Die Braunen Schwestern 31
        2.6.2 Dr. Gregor Ebner 32
        2.6.3 Inge Viermetz 33
    2.7 Das Ende des Lebensborn e.V. in Deutschland 34
        2.7.1 Die Vernichtung der Unterlagen 35
    2.8 Der Lebensborn vor dem Nürnberger Gerichtshof 35

3 Betreuung von Mutter und Kind durch den Lebensborn e.V. 38
    3.1 Die Auslesekriterien bei der Aufnahme in die Lebensborn Heime 38
    3.2 Mütterfürsorge 41
        3.2.1 Hilfe bei der Arbeitssuche 41
        3.2.2 Zurücklassen der Kinder 42
        3.2.3 Die Geburtenstatistik 42
    3.3 Das Gebot der Geheimhaltung 43
    3.4 Die Reichsführer – Fragebögen 45
    3.5 Der Heimalltag 46
        3.5.1 Rituale – Die Namensgebung 47
        3.5.2 Weltanschauliche Schulungen 49

4 Die Ausdehnung des Lebensborn e.V. auf die besetzten Gebiete nach Nord- und Osteuropa 51
    4.1 „Geraubte Identität" – Der Kinderraub in Polen 51
    4.2 Die „deutschen Kinder" in Norwegen 54

5 Das Ende des Lebensborn e.V. 57
    5.1 Die Vernichtung der Unterlagen 57
    5.2 Die Rückführung der norwegischen und polnischen Kinder in ihre Heimatländer 58
        5.2.1 Die norwegischen Kinder 58
        5.2.2 Die Repatriierung der Kinder aus den östlichen Ländern 59

6 Diskussion 62
    6.1 Ein karitativer Verein? 62
    6.2 Eine Zuchtanstalt? 63
    6.3 Eine neue Definition 65

7 Die Lebensborn Kinder – heute 67

8 Schlussbemerkung 70

Literatur und Quellenverzeichnis 74

Quellenverzeichnis 79

Abbildungsverzeichnis 80

Abkürzungsverzeichnis

ebd.	ebenda
Hrsg.	Herausgeber
Vgl.	vergleiche
e.V.	eingetragener Verein
BDM	Bund Deutscher Mädel
RuSHA	Rasse- und Siedlungshauptamt
NS	Nationalsozialismus
NSDAP	Nationalsozialistische Arbeiter Partei
SS	Schutz Staffel
RF-SS	Reichsführer Sturm Staffel
Pers. Stab RFSS	Persönlicher Stab des Reichsführers der Sturm Staffel
RM	Reichsmark
SS-HA	SS-Hauptamt

Einleitung

Die Bedeutung des Wortes Lebensborn kommt aus dem altdeutschen Wort Born = Quelle. Man kann demnach daraus „Lebensquelle" oder „Quelle des Lebens" ableiten. Rassenideologen erschufen dieses Wort, als sie einen Namen für ihren Verein suchten. Sie legten Wert darauf, dass eine positive Assoziation mit dem Namen verknüpft war, ohne viel über die eigentliche Organisation preiszugeben.[1] Durch den Zusatz e.V.[2] war es der Organisation möglich, Besitz zu erlangen. Heinrich Himmler selbst wählte das Motto des Lebensborn *„Heilig soll uns sein jede Mutter deutschen Blutes"* aus.[3] Als Kennzeichnung der Lebensbornheime wurde die Rune für „Leben" gewählt, ein durchbohrtes V.

Symbol
»Lebensborn e.V.« [4]

Schaut man sich die Ideologie der Nationalsozialisten an, so war sie gekennzeichnet durch die Vorstellung der Überlegenheit der arischen Rasse. Dies spiegelte sich zum einen durch die Ermordung von Millionen als minderwertigen deklarierten Menschen aber auch durch die Vermehrung sowie den Schutz der „wertvollen" arischen Rasse wider.

Der Lebensborn e.V. war ein Instrument der nationalsozialistischen Rassenpolitik, diese bestand aus Euthanasie und Judenvergasung, aber auch aus Auslese und Förderung der Erbtüchtigen, der „hochwertigen Arier". Die Arbeit des Lebensborn e.V. war stets von einer Aura des Geheimnisvollen umgeben. Dies kam durch die bewusste reduzierte öffentliche Darstellung während des Nationalsozialismus. Erst nach Kriegsende durch die Nürnberger Prozesse wurde die Bevölkerung von dem Bestehen des Vereines informiert.

Die Gründung des Vereins wurde von Heinrich Himmler, unter dessen Führung der Verein stand, mit dem Schutz der ledigen Mutter sowie ihrem Kind vor Denunziationen durch die Gesellschaft begründet. Der Lebensborn e.V. entstand nicht nur im Rahmen der Legislative,

---

[1] Weisteiner 2008, S.4
[2] Eingetragener Verein
[3] Ebd. S.25
[4] Abbildung 1: Bryant 2011, S.11

sondern man muss auch die exekutive Bevölkerungspolitik sehen. Aus diesem Grund wird eine Betrachtung der nationalsozialistischen Bevölkerungspolitik, hier steht im Mittelpunkt die Propaganda für die Geburtenvermehrung und hier im Besonderen die Veränderung der gesellschaftlichen Stellung der ledigen Mutter, folgen. Durch diese Grundlagen kann erst die Entstehung des Lebensborn e.V. nachvollzogen werden.

Im Rasse- und Siedlungshauptverfahren, welches am 20. Oktober 1947 eröffnet wurde, wurden vier führende Personen des Lebensborn e.V. wegen Verbrechen gegen die Menschlichkeit angeklagt. Die Richter übernahmen die Auslegung Himmlers und sprachen den Verein von Beteiligungen an Verbrechen frei, auch bestätigten sie seinen karitativen Zweck.[5] Die Anklageschrift nennt den Zweck des Vereins, die feindlichen Nationen zu schwächen aber auch die Bevölkerung des Deutschen Reiches zu vergrößern.

Im ersten Kapitel meiner Arbeit werde ich Grundlagen, die für meine weiteren Überlegungen wichtig sind, bearbeiten. Was war eigentlich die Rassenideologie der Nationalsozialisten? Inwieweit unterschied sich die Rassenideologie von Himmler zu der von Hitler? War es Himmlers Absicht eine gelenkte Fortpflanzung durchzuführen, um so in den Evolutionsprozess einzugreifen? War es so, dass die SS geeignetes Menschenmaterial zusammenfügte, um so das perfekte arische Kind zu schaffen? Gab es tatsächlich junge Frauen, die dem Führer ein Kind schenken wollten, ohne auf die gesellschaftlichen Moralvorstellungen zu achten?

Das zweite Kapitel wird sich mit der Gründung und Entwicklung des Lebensborn e.V. in Deutschland befassen. Im letzten Teil dieses Kapitels werden zwei der Mitarbeiter des Lebensborn e.V. genauer angeschaut.

Inge Viermetz und Dr. Gregor Ebner waren mitverantwortlich für die Eindeutschungsaktionen von Kindern aus Norwegen, Polen, Russland usw. Was haben sie zu den Mythen des Lebensborn beigetragen und inwieweit haben sie sich an den Verbrechen gegen die Menschlichkeit schuldig gemacht, auch wenn sie in dem bereits erwähnten Prozess frei gesprochen wurden? Dies fördert bis heute die Mythen des Lebensborn e.V., so sind Interpretationen von der Zuchtanstalt bis hin zum SS-Freudenhaus immer noch normal.

---

[5] In der Urteilsbegründung hieß es unter anderem:"Aus dem Beweismaterial geht klar hervor, dass der Verein Lebensborn, der bereits lange vor dem Krieg bestand, eine Wohlfahrtseinrichtung und in erster Linie ein Entbindungsheim war. Von Anfang an galt seine Fürsorge den Müttern, den verheiraten sowie den unverheirateten, sowie den ehelichen und unehelichen Kindern. […] (zit.: US-Militärgericht im Rahmen des sogenannten RuSHA-Prozesses vom 1. Juli 1947 bis 10.März 1948)

Im dritten Kapitel werde ich mich mit der Rolle der Mutter näher befassen, inwieweit war der Heimalltag von den nationalsozialistischen Ideologien durchzogen, waren die Frauen nur wehrlose Marionetten der Nationalsozialisten oder standen sie voll und ganz hinter der Rassenideologie?

Das vierte Kapitel wird die Tätigkeiten des Lebensborn e.V. außerhalb von Deutschland aufzeigt. Hier sollen die Länder Norwegen sowie Polen exemplarisch gezeigt werden. Gerade Norwegen hatte außerhalb von Deutschland die größten Erfolge, da es die Einrichtung zahlreicher Heime verbuchen konnte. Im Gegensatz dazu stehen die Kinderverschleppungen in Polen, hier wird im Besonderen die rücksichtslose Vorgehensweise des Vereins deutlich.

Das fünfte Kapitel wird sich mit dem Ende des Lebensborn e.V. auseinandergesetzt. Was geschah mit den Kindern nach Ende des Krieges? Ich werde mich mit der Thematik der Rückführung der polnischen und norwegischen Kinder in ihre Heimatländer befassen.

Im sechsten Kapitel werde ich versuchen die Gerüchte, die um den Lebensborn e.V. ranken, zu klären. Durch die in- und ausländischen Tätigkeiten des Lebensborn e.V. ist es möglich, die Entstehung der Gerüchte zu verstehen. In meiner abschließenden Diskussion werde ich versuchen, die Legenden des Vereins mit stichhaltigen Argumenten zu widerlegen. Hier soll auch eine eigenständige Charakterisierung des Lebensborn e.V. gefunden werden.

Das siebte Kapitel der Arbeit wird sich mit den Lebensborn Kindern heute befassen, wie haben sie den Aufenthalt in den Heimen verkraftet, wie das entwurzeln aus ihrem Heimatland?

In meiner Schlussbemerkung werde ich alle bisher gesammelten Fakten noch einmal zusammen führen und versuchen, den Lebensborn als Einrichtung der SS-Organisation einzuordnen.

Schaut man sich den Forschungsstand des Themas an, so wird sehr schnell deutlich, dass dies nur in geringem Umfang bearbeitet wurde. Die Literatur zum Lebensborn erschöpft sich auf wenige wissenschaftliche Arbeiten sowie kleinerer Aufsätze und Romane. Diese Arbeit kann nur versuchen, dem Mythos Lebensborn e.V., schärfere Konturen zu geben sowie herauszustellen, welche Ziele der Verein verfolgte. Diese Arbeit versucht alle Facetten des Vereins zu beleuchten und letztlich den Lebensborn e.V. als ein Instrument der nationalsozialistischen Rassenpolitik herauszustellen.

Mit Hilfe von originalen Quellen war es mir möglich, eine umfassende Darstellung des Lebensborn abzubilden. Hierbei hilfreich waren die Dokumente, die ich aus dem Bundesarchiv in München bekam, sowie von dem Verein Lebenspuren e.V., die mir einige Unterlagen für meine Arbeit zur Verfügung stellten.

Wichtige Schriftstücke werden daher zum Teil ausführlich zitiert, um so das Vorgehen des Vereins begründen zu können. Besonders die Bücher von Georg Lilienthal und Kare Olsen sowie Marc Hillel und Clarissa Henry waren sehr wichtige Literatur, welche nicht nur die Schicksale der Kinder in den Vordergrund stellten, sondern den Lebensborn als nationalsozialistischen Verein darstellen. Die doch sehr unzureichende Forschungslage liegt wohl auch daran, dass durch den Einmarsch der Alliierten ein Großteil der Akten verbrannt wurden.

Die Arbeit soll einen generellen Einblick in die fragwürdige Arbeitsweise des Lebensborn e.V. und den weltanschaulichen Ideologien der Nationalsozialisten geben. Hier geht es um die Frage, wie man die Arbeit des Lebensborn e.V. bewerten kann. War es wirklich so, dass der Verein einem karitativen, sozialen Anspruch folgte oder doch vielmehr ein kühles Instrument der nationalsozialistischen Bevölkerungspolitik war?

1 Grundlagen der nationalsozialistischen Rassenideologie

Nur im Zusammenhang der Rassenpolitik des Dritten Reiches sind auch der Lebensborn e.V. sowie die rassenideologische Weltanschauung von Heinrich Himmler zu betrachten. Allgemein bekannt dürften wohl die Grundzüge des Nationalsozialismus sein: die Verehrung des nordisch-germanischen Menschentyps sowie der Vernichtung alles „lebensunwerten" Lebens. Zigeuner, Juden, körperlich und geistig Behinderte wurden umgebracht.

Ein weiterer Aspekt der Ideologie war, dass es eine „Aufnordung" des deutschen Volkes sowie eine radikale Geburtenpolitik und die Ansätze von „Menschenzucht" geben sollte.

> „Wir sind erstens ein soldatischer Orden, nicht d e r, sondern e i n nationalsozialistischer Orden, zuchtmäßig, blutmäßig gebunden an das nordische Blut, eine Sippengemeinschaft, wenn Sie wollen. Früher hätte man gesagt, eine Adelsgenossenschaft. (...) Ich will aber sagen unsere Aufgabe geht ins Menschenzüchterische, während die Aufgabe des politischen Ordens in das politisch Führungsmäßige geht."[6]

Aufs höchste besorgt waren die Nationalsozialisten über den Geburtenrückgang in der geistigen Elite. Gerade Hitler brauchte für seine Eroberungspolitik „gutrassige" Menschen. Diese sollten als Soldaten in den eroberten Lebensräumen die dort lebenden Menschen unterwerfen und als Siedler für das zukünftige großgermanische Reich fungieren. So äußerte sich Himmler am 2. September 1938 in einer Rede vor der Auslandsorganisation: „Unser Volk steht und fällt damit, ob es genügend nordisches Blut hat, ob dieses Blut sich vermehrt oder zu Grabe geht, denn geht es zu Grabe, so bedeutet es das Ende des ganzen Volkes und seiner Kultur."[7]

Durch den Lebensborn e.V. wollte Himmler zur Stärkung des deutschen Volkes beitragen, indem er einen stärkeren Geburtenanstieg sowie Bevölkerungszuwachs zugunsten der SS förderte. In der nationalsozialistischen Monatsschrift „Volk und Rasse" von 1939 hieß es deshalb:

> „Auf Veranlassung des Reichsführers-SS Himmler wurde im Jahre 1936 (!) der „Lebensborn e.V. gegründet, der vom Reichsführer-SS persönlich geführt wird. Die Aufgaben des Lebensborn liegen ausschließlich auf bevölkerungspolitischem Gebiet. Es werden rassisch und erbbiologisch wertvolle kinderreiche Familien unterstützt, rassisch und erbbiologisch

---

[6] Himmler in einer Rede von Gruppenführern vom 18.02.1937, zit. bei Smith/Peterson 1974, S. 100
[7] Himmler in einer Rede vor der Auslandsorganisation vom 02.09.1938, zit. bei Smith/Peterson 1974, S.82

wertvolle werdende Mütter betreut und in den Heimen des „Lebensborn" aufgenommen. Außerdem wird für die dort zur Welt gekommen Kinder und für ihre Mütter ständig gesorgt."[8]

Durch diesen Artikel wird unmissverständlich klar, dass der Lebensborn e.V. kein karitativer Verein war, wie bei den Nürnberger Prozessen verlautet. Dieser Verein kümmerte sich nur um Mütter und Kinder „guten Blutes". Ein großes Ziel des Lebensborn war es den Müttern, sowohl ledigen wie auch verheiraten arischen Müttern, den Weg für ein Kind zu ebnen. Hier galt es nicht nur die Kinderarmut in der gehobenen Schicht zu bekämpfen, sondern Abtreibungen und dem falschen Ideal der „modernen Frau" entgegenzuwirken. Frauen sollten wieder ganz in ihrer Rolle als Ehefrau und Mutter aufgehen und viele Kinder bekommen.

1.1 Die Eugenik

Im Bereich der Tiere entwickelte Charles Darwin (1809-1882) die Selektionstheorie, in seinen Werken „Die Entstehung der Arten durch natürliche Zuchtauswahl" sowie „Die Erhaltung der begünstigten Rasse im Kampf"[9] stellte er die Theorie auf, dass in der Tierwelt die stärkste Tierart überlebte und die Schwächere unterliege. Für das Tierreich ist diese These zutreffend, allerdings wurde sie später auf die menschliche Gesellschaft übertragen und als Sozialdarwinismus bezeichnet. Daraus leiteten sich dann die rassenhygienischen Überlegungen ab.

Francis Galton (1822-1911) konstruierte aus diesen Überlegungen das Konzept der Eugenik - der Wissenschaft vom guten Erbe – er hatte damit das Ziel, gute Erbanlagen zu entwickeln, um die eigene Rasse genetisch zu verbessern. Galton galt mit der Zielsetzung der Verbesserung des Erbgutes durch züchterische Maßnahmen als Vertreter der positiven Eugenik.

Der deutsche Wilhelm Schallmayer (1857-1919) veröffentlichte 1891 die erste einschlägige Broschüre zur Eugenik. Er stellte die Reduktion der Nachkommenschaft von Personen mit „schlechten" Erbanlagen, besonders mit körperlicher Entartung, in den Mittelpunkt seiner Lehre und war so ein Vertreter der negativen Eugenik.[10]

Negativ bedeutete also „die Beseitigung schlechten Erbgutes aus dem Genpool einer Bevölkerung zugunsten zukünftiger Generationen"[11] Die positive Eugenik, welche eine gezielte Förderung der Geburtenrate von Erbgesunden anstrebte, steht hier gegenüber. Ihr Ziel

---

[8] Aus Rassehygiene und Bevölkerungspolitik: Der Lebensborn e.V., in Volk und Rasse, (1939), Heft 1, S.20.
[9] Vgl. Darwin 1996 [1859]
[10] Vgl. Weingart/Kroll/Bayertz 1988, S.40
[11] Ebd., S. 16.

ist es, Werte wie höhere Intelligenz, bessere körperliche Konstitution sowie die rassische Reinheit zu verbessern.

Alfred Ploetz (1860-1940) machte in seinem Buch „Die Tüchtigkeit unserer Rasse und der Schutz der Schwachen" deutlich, dass Schwächen sowie Krankheiten, welche Angeboren waren, in Erscheinung treten können. Er führte den Begriff Rassenhygiene[12] ein. Er entwarf eine Gesellschaft, welche das Recht zur Tötung „minderwertigen" Lebens sowie eine Zeugungserlaubnis für erbtüchtige Personen zusprach.[13] In der Rassenhygiene wurde nicht die Aufnordung angestrebt, sondern die Ausmerzung krankhafter und minderwertiger Erbanlagen sowie die Vermehrung gesunder und hochwertiger Erbanlagen, hier gab es keine Betrachtung der Rasse.

1.1.1 Der nordische Gedanke

Das sogenannte nordische Werturteil fand nach dem ersten Weltkrieg im deutschen Bildungsbürgertum Verbreitung. Schallmayer war hier einer der Initiatoren und vertrat die Ansicht, dass die Begünstigung der nordischen Rasse vor anderen Rassenelementen des deutschen Volkes notwendig sei.

Arthur de Gobineau (1816-1882) gliederte die Menschheit in eine anthropologische Hierarchie, wobei hier die „weiße Rasse ... durch Blutbeigabe zu den anderen Rassen die Welt- und Kulturgeschichte zu Höhepunkten führte ... immer mehr ihrer kostbaren arischen Essenz ... [verliere] ... so dass deren endgültiges Erlöschen den Weltuntergang heraufbeschwöre."[14]

In seinem Buch „Rassenkunde" griff Hans F. Günther (1891-1968) die vorangegangenen Gedanken auf und bekam eine große Zuhörerschaft.[15] Er unterteilte alle europäischen Völker in drei typische Rassenkomponenten: nordisch, mediterran bzw. westisch und alpin bzw. ostisch, wobei diese drei Teile im deutschen Volk besonders eng gemischt seien.[16]

Das deutsche Reich bilde, so Günther, eine Hochburg der „nordischen Rasse", da es das höchste Quantum an „nordischen Blut" berge.[17]

---

[12] Der Terminus „Rassenhygiene" wurde zum ersten Mal in der von Alfred Ploetz 1895 veröffentlichten Schrift „Die Tüchtigkeit unserer Rasse und der Schutz der Schwachen. Ein Versuch über Rassenhygiene und ihr Verhältnis zu den humanen Ideen, besonders zum Sozialismus" eingeführt und programmatisch erläutert.
[13] Vgl. zur Mühlen 1977, S.178.
[14] De Gobineau 1989, S.1144ff.
[15] Günther 2002
[16] Vgl. Essner 2002, S.44
[17] Günther 1922

Es versuchten noch mehrere Rassenforscher sich damit auseinander zu setzten. Die Nationalsozialisten griffen den Begriff der Rassenhygiene wieder auf und eigneten sich die für sie interessanten Komponenten an.

1.2 Die Rassenideologie Hitlers

Die Basis aus der Adolf Hitler seine Denkweise bezog, setzt sich aus vorangegangenen Rassenideologien zusammen, sie war eine Kombination aus Antisemitismus und Rassegedanke. Hitler war ein treuer Anhänger von Arthur de Gobineau, dieser war der Meinung, dass gute Erbanlagen sowie die Gabe der Kulturschöpfung die Überlegenheit der arischen Rasse ausmachte. Der nordisch-germanische Typus war der Inbegriff des Ariers, so Hitler.[18]

Besonders die Juden, aber auch alle anderen Rassen, waren für ihn minderwertig. Genau wie die übrigen Rassentheoretiker hatte Hitler Angst davor, dass die arische Rasse von den minderwertigen Rassen geschwächt werden könnte. Hier konnte es nur ein Verbot der Kreuzung von minderwertigen mit hochwertigen Rassen geben. Dies wollte Hitler mit einer biologischen Zurückdrängung des Judentums durchsetzten. Aber auch die Vermehrung der nordisch-germanischen Rasse war notwendig. Allerdings nahm der Völkermord einen weit größeren Teil der politischen Anstrengungen ein, als die Bemühung der Aufzucht der arischen Rasse.

1.2.1 Das Verhältnis zwischen Himmler und Hitler

Genau wie Hitler war Heinrich Himmler von der Überlegenheit der deutschen Rasse überzeugt. Himmler war Hitler gegenüber loyal, man kann es als einseitige Abhängigkeit ansehen. Denn Hitler gab die Befehle und Himmler führte sie aus. Auch Himmler hatte als zweitmächtigster Mann im Staat sehr viel Macht, nur durfte diese nie größer werden als die von Adolf Hitler, deshalb durfte die SS und die Polizei nie zu einem Staatsschutzcorps zusammengeschlossen werden. Himmler versuchte die SS soweit von Hitler und der NSDAP zu distanzieren, um so weiterhin eine zentrale Rolle im Machtgefüge des Nationalsozialismus zu erlangen. Himmler definierte die Partei als politischen Orden, die SS allerdings als nationalsozialistischen Orden, der zucht- und blutmäßig an die nordische Rasse gebunden ist.[19]

---

[18] Vgl. Maser 1989
[19] Vgl. Smith/Peterson 1974 S. 100

Die Aufgaben der SS gingen ins Menschenzüchterische, die der NSDAP waren die politische Führung.[20] Das passte Himmler besonders, denn hier lagen seine rassenideologischen Schwerpunkte. Hitler konzentrierte sich zum großen Teil auf das „Zerrbild der Juden", so schwärmte Himmler vom nordisch-germanischen Menschentypus sowie dessen Vermehrung.[21]

1.2.2 Die Rassenideologie von Himmler

Heinrich Himmler sah in der Beschaffenheit der germanischen Rasse die Basis ihre Überlegenheit. Aus diesem Grund war die Rassenreinheit der Deutschen sein zentrales Anliegen, welches er mit allen Mitteln durchzusetzen versuchte. Dabei unterstützte ihn die SS. Seine Ziele als Reichsführer-SS umschrieb er folgendermaßen: *„... einen Orden[22] guten Blutes zu schaffen, der Deutschland dienen kann ... Einen Orden zu schaffen, der diesen Gedanken des nordischen Blutes so verbreitet, dass wir alles nordische Blut in der Welt an uns heranziehen..."*[23] Allerdings entsprach Himmler selber seinem Idealbild des Ariers nicht wirklich, er war von kleiner untersetzter Statur sowie stark kurzsichtig. Diese Minderwertigkeit hielt ihn aber nicht davon ab, den nordisch-germanischen Menschentyp als Idealbild anzustreben. Ein hohes Interesse hatte er an den von Hans Günter verfassten Schriften der Rassenideologie, diese sahen nur einen Lösungsweg für die Rettung der germanischen Rasse: die *„Aufnordung"*. Hieraus folgerte er:

> *„ ... alles gute Blut in der Welt, alles germanische Blut ... in das Deutsche Reich geholt werden... und zu einem deutschbewussten Germanen [ge] macht [werden]. Ich habe wirklich die Absicht, germanisches Blut in der ganzen Welt zu holen, zu rauben und zu stehlen, wo ich kann."* [24]

Bereits 1935 gründete er den Verein „Das Ahnenerbe e.V." einer Forschungs- und Lehrgemeinschaft die sich mit dem *„Menschenzüchterischen"* befasste. Diese Organisation wurde mit dem Ziel errichtet, arteigene Wurzeln und rassische Gesichtspunkte zu erforschen sowie sie im weltanschaulichen Kampf nutzbar zu machen.[25] Auch konnten so seine Thesen wissenschaftlich belegt werden. Die Zusammenarbeit zwischen Himmler und dem Ahnenerbe e.V. liefen allerdings folgendermaßen ab: Die Anfragen Himmlers hatten die Wissenschaftler

---

[20] Vgl. Ebd.
[21] Zur Mühlen 1977, S. 238
[22] Himmler hatte den Begriff Orden gewählt, da er eine religiöse Verbindung darstellte. Vgl. Ackermann 1970, S.40
[23] Ackermann 1970, S. 100
[24] Berghoff 1977, S.32
[25] Vgl. Ackermann 1970, S. 43

ausschließlich in seinem Sinne zu beantworten, dem Verein kam so nur eine pseudowissenschaftliche Aufgabe zu. [26] Mit der Gründung des Lebensborn e.V. 1935 konnte Himmler seine *„Aufnordung"* im großen Stil umsetzen.

1.3 Die Stellung der Frau im Nationalsozialismus

Bereits am 8. September 1934, während einer Rede von Adolf Hitler vor der NS-Frauenschaft, machte er sehr deutlich, wo seiner Meinung nach die Frau stand. Er machte es anhand eines Vergleiches greifbar, indem er von der großen Welt des Mannes und der kleinen Welt der Frau sprach. Beide Welten seien strikt getrennt aber gleichzeitig fest miteinander verbunden. „Die große Welt baut auf der kleinen Welt auf"[27]

Seiner Meinung nach bestünde die Aufgabe der Frau darin, ihrem Mann, ihrer Familie, ihren Kindern sowie ihrem Heim treu zu sein. Die größte ihrer Aufgaben sei es allerdings, viele arisch-wertvolle Kinder zu gebären zum Erhalt der arischen Rasse. Damit für den Erhalt der arischen Rasse genügend Nachkommen gezeugt werden, wird die Frau zur „Gebährmaschine", dafür wird sie dann mit dem Mutterehrenkreuz am sogenannten Muttertag, am Geburtstag von Adolf Hitlers Mutter im August, ausgezeichnet. Diese Kinder sollten für den Führer sein, allerdings nur wenn die Rasse rein war.

1.3.1 Kampf gegen Abtreibung

Da es eine Geburtensteigerung geben sollte, wurden Abtreibungen, Verhütungsmittel, Sexualvereine sowie Beratungsstellen verboten. Auch folgte 1933 ein Abtreibungsparagraph, der auch strafrechtliche Folgen aufzeigte. Eine Frau, die der Abtreibung überführt werden konnte, wurde für einige Zeit in ein Arbeitslager gebracht. Ab 1943 wurden Ärzte, die bei unerlaubten Abtreibungen überführt worden waren, in Gefängnisse gebracht. Beim Wiederholungsfall konnten sie auch mit der Todesstrafe rechnen. Sogar Fehlgeburten wurden als heimliche Abtreibungen angesehen, aus diesem Grund mussten sie gemeldet werden. Ebenso wurden Anzeigen wegen Vergewaltigungen als legaler Schwangerschaftsabbruch überprüft.[28] Allerdings änderte dies nichts an der Zahl der Abtreibungen.

---

[26] Vgl. Reinicke 2003, S.62
[27] Vgl. Lilienthal 1993, S.132
[28] Vgl. Lehker, 1984, S.66.

1.3.2 Der Befehl zur außerehelichen Zeugung

Am 28. Oktober 1939 erließ Himmler den Befehl zur außerehelichen Zeugung: Jeder SS-Mann sollte so viele Kinder wie möglich zeugen, hier war es egal ob innerhalb der Ehe oder außerhalb, er sollte so sein *„gutes Blut"* weitergeben. Im schlimmsten Falle würde er im Kampf für sein Vaterland an der Front fallen ohne ein Kind gezeugt zu haben.[29] Damit hatten die Soldaten einen Freibrief von Himmler bekommen. Die ledigen Männer konnten tun und lassen was sie wollten, wenn alles nur den rassischen Kriterien entsprach. Der Ehemann konnte fremdgehen und so sein gutes Blut weitergeben. Die Frauen und Mädchen, die so bewusst aber auch unbewusst schwanger wurden, sollten nicht zur Ehe gezwungen werden, da eine erzwungene Ehe kein glückliches Familienleben zur Folge hatte. Hier kam der Lebensborn e.V. ins Spiel, der sich der werdenden Mütter annahm. Himmler übernahm bei unehelichen Kindern die Vormundschaft, bei ehelichen die Beistandsschaft.[30]

---

[29] Vgl. Lilienthal, 1993, S.132
[30] Vgl. Hiller/Henry, 1975, S.121

Der Reichsführer SS
und
Chef der Deutschen Polizei
im Reichsministerium des Innern

Berlin, den 28. Oktober 1939

SS-Befehl
für die gesamte SS und Polizei

Jeder Krieg ist ein Aderlaß des besten Blutes. Mancher Sieg der Waffen war für ein Volk zugleich eine vernichtende Niederlage seiner Lebenskraft und seines Blutes. Hierbei ist der leider notwendige Tod der besten Männer, so betrauernswert er ist, noch nicht das Schlimmste. Viel schlimmer ist das Fehlen der während des Krieges von den Lebenden und der nach dem Krieg von den Toten nicht gezeugten Kinder.

Die alte Weisheit, daß nur der ruhig sterben kann, der Söhne und Kinder hat, muß in diesem Kriege gerade für die Schutzstaffel wieder zur Wahrheit werden. Ruhig kann der sterben, der weiß, daß seine Sippe, daß all das, was seine Ahnen und er selbst gewollt und erstrebt haben, in den Kindern seine Fortsetzung findet. Das größte Geschenk für die Witwe eines Gefallenen ist immer das Kind des Mannes, den sie geliebt hat.

Über die Grenzen vielleicht sonst notwendiger bürgerlicher Gesetze und Gewohnheiten hinaus wird es auch außerhalb der Ehe für deutsche Frauen und Mädel guten Blutes eine hohe Aufgabe sein können, nicht aus Leichtsinn, sondern in tiefstem sittlichem Ernst Mütter der Kinder ins Feld ziehender Soldaten zu werden, von denen das Schicksal allein weiß, ob sie heimkehren oder für Deutschland fallen.

Auch für die Männer und Frauen, deren Platz durch den Befehl des Staates in der Heimat ist, gilt gerade in dieser Zeit die heilige Verpflichtung, wiederum Väter und Mütter von Kindern zu werden.

Niemals wollen wir vergessen, daß der Sieg des Schwertes und das vergossene Blut unserer Soldaten ohne Sinn wären, wenn nicht der Sieg des Kindes und das Besiedeln des neuen Bodens folgen würden.

Im vergangenen Krieg hat mancher Soldat aus Verantwortungsbewußtsein, um seine Frau, wenn sie wieder ein Kind mehr hatte, nicht nach seinem Tode in Sorge und Not zurücklassen zu müssen, sich entschlossen, während des Krieges keine weiteren Kinder zu erzeugen. Diese Bedenken und Besorgnisse braucht Ihr SS-Männer nicht zu haben; sie sind durch folgende Regelung beseitigt:

1. Für alle ehelichen und unehelichen Kinder guten Blutes, deren Väter im Kriege gefallen sind, übernehmen besonders, von mir persönlich Beauftragte im Namen des Reichsführers SS die Vormundschaft. Wir stellen uns zu diesen Müttern und werden menschlich die Erziehung und materiell die Sorge für das Großwerden dieser Kinder bis zu ihrer Volljährigkeit übernehmen, so daß keine Mutter und Witwe aus Not Kümmernisse haben muß.

2. Für alle während des Krieges erzeugten Kinder ehelicher und unehelicher Art wird die Schutzstaffel während des Krieges für die werdenden Mütter und für die Kinder, wenn Not oder Bedrängnis vorhanden ist, sorgen. Nach dem Kriege wird die Schutzstaffel, wenn die Väter zurückkehren, auf begründeten Antrag des einzelnen wirtschaftlich zusätzliche Hilfe in großzügiger Form gewähren.

SS-Männer
und Ihr Mütter dieser von Deutschland erhofften Kinder

zeigt, daß Ihr im Glauben an den Führer und im Willen zum ewigen Leben unseres Blutes und Volkes ebenso tapfer, wie Ihr für Deutschland zu kämpfen und zu sterben versteht, das Leben für Deutschland weiterzugeben willens seid!

Der Reichsführer SS

H. Himmler

[31] Abbildung 2: Biesecke 2009, S.61

2 Gründung und Entwicklung des Lebensborn e.V. in Deutschland

Wenn man an die Vorgehensweise der Nationalsozialisten denkt, redet man meist von der sogenannten „negativen Auslese", also der Vernichtung von Juden, Sinti und Roma sowie anderen nicht lebenswerten Menschen im Rassengedanken der Nazis. Allerdings gab es auch eine andere Art der Auslese, hier wurden kinderreiche Familien gefördert, mit dem Ziel die „nordisch-arische Rasse" zu „züchten", der Lebensborn war das Instrument, das Mittel dazu.

Im folgenden Kapitel werde ich die Gründung des Vereines, sowie der Mütter- und Kinderheime darlegen. Auch werde ich mich mit der Sonderstellung, die der Verein innerhalb der SS hatte, beschäftigen. Im letzten Teil des Kapitels werde ich die wichtigsten Personen bzw. Berufsgruppen, die für den Lebensborn e.V. arbeiteten, betrachten und beschreiben.

2.1 Die Gründung des Lebensborn e.V.

Der Lebensborn e.V. wurde am 12. Dezember 1935 in Berlin gegründet. Die Initiative hierfür kam vom Reichsführer der SS, Heinrich Himmler, bei der Gründung waren noch zehn namentlich nicht bekannte SS-Führer anwesend. Als Vorsitzender wurde von Heinrich Himmler der Chef des SS-Sippenhauptamtes, des Rasse- und Siedlungshauptamtes Bernd Freiherr von Kanne eingesetzt. Dieser war allerdings nur pro Forma der Vorsitzende, der eigentliche Vorsitzende und damit auch der Machthabende war Guntram Pflaum, der Stabsführer des SS-Sippenhauptamtes; von Kanne wurde aber 1937 von Gregor Ebner abgelöst, dieser blieb es dann auch bis 1945. In den Verein konnte nach *„§2 Mitglied des Vereins kann jeder Deutsche arischer Abstammung werden. [...]"* [32]

Bis 1940 war der Verein dem Rasse- und Siedlungshauptamt (RuSHA) unterstellt, Himmler schaffte es bis zum 1.1.1938 den Verein dem persönlichen Stab des Reichsführer SS zu unterstellen. Himmler wollte so die komplette Kontrolle, besonders in Bezug auf die finanzielle Lage des Vereins. Besonders durch die Umsiedlung des Vereines von Berlin nach München sollte eine Unabhängigkeit zur Partei gegeben sein. Auch wurde zu diesem Zeitpunkt die Satzung nochmals geändert und die Vereinsspitze ausgetauscht und Himmler setzte sich als Vorsitzender des Gesamtvorstandes ein, was nach außen hin eine erhebliche Steigerung des Prestiges und der Bedeutung des Lebensborn e.V. bedeutete.

---

[32] Satzung des Lebensborn e.V. v. 11.04.1940, http://www.karwi.de/else-oventrop/textd/undatiert/6-satzung-des-qlebensbornq-ev.html

Eine der ersten NS-Organisationen das *Hilfswerk Mutter und Kind* welches 1934 gegründet wurde, kümmerte sich um werdende Mütter sowie Kindergartenbetreuung, Kinderlandverschickungen sowie Mütterschulungen und war somit eine rein soziale Organisation. Himmler sah sich in Zugzwang und so entstand der Lebensborn e.V., dieser allerdings wollte nicht unter sozialen sondern unter rassenpolitischen Vorzeichen arbeiten. Himmler sah die Geburtenpolitik auch als Rassenpolitik und so wollte er dieses Monopol für die Schutzstaffel (SS), da er in ihr eine Elitegarde sah.

2.2 Die Entstehung der Entbindungs- und Kinderheime

Am 15.08.1936 wurde in Steinhöring bei Ebersberg das „Heim Hochland" als erstes Entbindungs- und Kinderheim eröffnet. Hier hatten 50 Mütter sowie 109 Kinder eine Unterkunft. Dieses ehemalige Caritas-Kinderheim wurde für 55 000 RM gekauft und umgebaut. Im darauffolgenden Jahr folgten die Entbindungsheime „Harz" in Wenigerode sowie das Heim „Kurmark" in Klosterheide bei Berlin. Beide fassten zusammen 64 Plätze für Mütter sowie 134 Plätze für Kinder.[33]

Durch die vielen Heime, die in kurzer Zeit ausgebaut wurden, kam es zu einer Überlastung des Lebensborn e.V. und Himmler änderte die Satzung. Außerdem betreute er Oswald Pohl, Verwaltungschef der SS, mit der Überwachung der Verwaltung und den Finanzen des Vereins. Infolgedessen war Himmler in seinem Wirken mit dem Lebensborn e.V. autonom gegenüber der Partei und musste keine Rechenschaft über die wirtschaftliche Lage des Vereins geben.[34] Im Jahr 1938 folgten drei neue Lebensbornheime: Heim „Pommern" in Bad Polzin, Heim „Friesland" Hohehorst bei Bremen sowie im angegliederten Österreich Heim „Wienerwald" in Pernitz, welches einem Juden gehörte.[35]

Da es einen großen Andrang gab wurden Kinderheime eröffnet, in denen die Mütter, die erwerbstätig waren, ihre Kinder unterbringen konnten. Auch wurde festgelegt, dass Kinder ab dem zweiten Lebensjahr in Pflegefamilien untergebracht werden sollten, wenn sich die Mütter weiterhin nicht um sie kümmern konnten.[36]

---

[33] Vgl. Lilienthal 1985, S.44ff.
[34] Vgl. ebd. S.47
[35] In den Akten des Bundesarchivs befindet sich auch ein Überlassungsabkommen zwischen dem in Karlsbad verstorbenen Juden Leo Israel Benedikt und dem Lebensborn e.V. Darin sind sämtliche Vermögensgegenstände mit einem Gesamtwert von über einer Million Reichsmark aufgeschlüsselt, die in den Besitz des Lebensborn e.V. übergingen. Inwieweit sich der Lebensborn e.V. durch jüdischen Besitz finanzierte, konnte nicht geklärt werden. Vgl. BA:NS 3/1145
[36] Vgl. BA: NS 2/65 S.188ff.

Aus diesem Grund wurde dann 1939 das erste Kinderheim, Heim „Taunus" bei Wiesbaden, eröffnet, im November 1942 folgte dann das Heim „Sonnenwiese" bei Leipzig, welches dann bis zu 170 Kinder aufnehmen konnte. 1943 folgten dann noch drei weitere Kinderheime „Franken I und II" in Schalkenhausen in Bayern sowie Heim „Schwarzwald" in Nordrach. Auch in Österreich wurde noch ein Kinderheim eingerichtet, Heim „Alpenland". So hatte es der Verein geschafft, innerhalb von acht Jahren 11 Entbindungs- und Mütterheime zu gründen.

Die folgende Karte zeigt die Heime des Lebensborn e.V. im Deutschen Reich und den angegliederten und besetzten Gebieten.

[37] Abbildung 3: „Begleitbroschüre zur Ausstellung Lebensborn e.V.", S. 19.

2.3 Die Satzung und ihre Auslegung

In der Satzung des Vereines wurden die Aufgaben sowie der Zweck des Lebensborn e.V. festgelegt. Hier hieß es:

> *„1. Rassisch und erbbiologisch wertvolle, kinderreiche Familien zu unterstützen.*
>
> *2. Rassisch und erbbiologisch wertvolle werdende Mütter unterzubringen und zu betreuen, bei denen nach sorgfältiger Prüfung der eigenen Familie und der Familie des Erzeugers durch das Rasse- und Siedlungshauptamt SS anzunehmen war, dass gleich wertvolle Kinder zur Welt kommen würden.*
>
> *3. Für diese Kinder zu sorgen;*
>
> *4. Für die Mütter der Kinder zu sorgen.*
>
> *5. gemäß § 47 Reichsjugend und Wohlfahrtsgesetz (RJWG) die Vereinsvormundschaft jeweils nach eigenen Ermessen zu übernehmen"*[38]

Im April 1940 wurde eine Neufassung der Satzung aufgesetzt hier, wurde noch ein 6. Punkt aufgenommen:

> *„6. Vormundschaften und Beistandschaften für SS-Kriegswaisen auf Befehl des Reichsführers-SS zu übernehmen."* [39]

Voraussetzung der Fürsorge für werdende Mütter ist, dass sie in rassischer und erbbiologischer Hinsicht aller Bedingungen erfüllen, die in der Schutzstaffel allgemein gelten. […][40]

Die doppelte Aufgabe, die der Verein hatte, bestand zum einen darin, den Kinderreichtum der SS zu unterstützen und zum anderen jede Mutter guten Blutes zu schützen und zu betreuen sowie sich um hilfsbedürftige Mütter und Kinder zu kümmern. Nicht nur die SS-Ehefrauen hatten hier Hilfe zu erwarten sondern, und das vorrangig, auch arische ledige Mütter, die hier ihre Kinder unterbringen konnten und wieder in ihr altes Leben zurückkehren durften. Die Kinder sollten dann in SS-Familien vermittelt werden und zu guten Deutschen im nationalsozialistischen Sinne erzogen werden.[41]

Die in Punkt 1 genannte Unterstützung konnten SS-Familien mit mindestens fünf Kindern erhalten. Allerdings wurden nur ca. 5,8% aller deutschen Familien unterstützt. 1943 wurde

---

[38] Liliental 1993, S. 43
[39] Ebd.
[40] Satzung des Lebensborn e.V., vom 9.04.1940, http://www.karwi.de/else-oventrop/textd/undatiert/6-satzung-des-qlebensbornq-ev.html
[41] Schmidt/Dietz 1983, S. 93

diese Unterstützung nicht mehr vom Lebensborn e.V., sondern aus Fürsorgemitteln der SS gezahlt. 1600 SS-Familien mit 9600 Kindern wurden so bis Mai 1945 unterstützt. Die Hauptaufgabe des Lebensborn e.V. lag allerdings darin, ledige Mütter vor Abtreibungen abzuhalten, sie bekamen materielle aber auch soziale Leistungen.

2.4 Die Finanzierung des Lebensborn e.V.

Der Verein finanzierte sich aus verschiedenen Quellen, zum einen aus Einnahmen aus Heimaufenthalt und Verpflegung der Mütter sowie aus Mitgliedsbeiträgen und Spenden.

„a) Einnahmen aus Heimaufenthalt und Verpflegung:

Diese wurden teilweise von den Krankenversicherungen der Mütter, teilweise von den Kindsvätern mit ihrem Unterhalt geleistet. Die Mütter waren verpflichtet, die Leistungen der Krankenkassen an den Lebensborn abzutreten. Die Versicherungen gewährten die Unterstützungsgelder aber erst ab der sechsten Woche vor der Entbindung, während die Mütter teilweise schon im fünften Schwangerschaftsmonat ein Heim aufsuchten; darum reichten diese Beiträge allein zur Deckung der Kosten nicht aus. In Fällen der besonderen Geheimhaltung sah der Lebensborn auch von einer Inanspruchnahme der Krankenkassenunterstützung ab, führte aber Verhandlungen mit den Krankenkassen, um mit ihnen auch in solchen Fällen abrechnen zu können. Daraufhin wurde in München eine Zentral-Abrechnungsstelle der Krankenversicherungen für den Verein eingeführt."[42]

„b) Mitgliedsbeiträge:

In einem Befehl vom 13. September 1936 hatte Himmler alle hauptamtlichen SS-Führer zur Mitgliedschaft im Lebensborn verpflichtet. Auch von seinen übrigen SS-Mitgliedern erwartete er den Beitritt, außerdem konnte jeder Deutsche freiwilliges Mitglied werden. Die Mitglieder mussten Beiträge an den Lebensborn entrichten, die gestaffelt waren nach Kinderzahl, Dienstgrad, Einkommen und Alter der Betreffenden."[43]

„Wir haben, um auch der juristischen Form zu genügen, einen Verein „Lebensborn" ins Leben gerufen.-Ich setze voraus, dass ein Mann von 25 bis 26 Jahren, der Arbeit hat, auch heiraten kann.- Von dieser Annahme ausgehend habe ich festgelegt, dass ein SS-Mann oder SS-Führer mit 25 Jahren verheiratet ist, oder falls er es nicht ist, mit 26 Jahren 1% mit 27% usw. seines Einkommens der Einrichtung „Lebensborn" zur Verfügung stellt. Ein Gruppenführer z.B., der nur ein Kind hat, muß sogar 7 bis 8% seines Nettogehaltes geben.

---

[42] Lilienthal 1993, S. 125.
[43] Ebd. S.125

Das ist nicht mehr als gerecht, wenn ein anderer mit gleichem Einkommen vier Kinder zu versorgen hat.[44]

Anhand dieses Beispiels kann man sehen, dass gerade die Ledigen ohne Kinder keinen guten Stand hatten, danach folgten die Verheirateten ohne Kinder. Männer mit unehelichen Kindern wurden den Familienvätern gleichgestellt. Die SS-Führer sollten möglichst in jungen Jahren sehr viele Kinder zeugen und eine große Familie gründen. Im Jahr 1936 hatte der Verein 6.896 Mitglieder, gegen Kriegsende sollen es rund 17.000 gewesen sein. Trotzdem wurden die Mitgliederbeiträge als große finanzielle Belastung empfunden, viele ersuchten um Ermäßigung.[45] 1939 kassierte der Verein von 15.520 Mitgliedern 432.438 RM, was nur 21,3% seiner Gesamteinkünfte entsprach.[46]

„c) Spenden und Zuschüsse:

Durch die Mitgliederbeiträge und Zuschüsse der Krankenkassen war die Finanzierung des Lebensborn noch nicht gesichert, deshalb hatten Spenden sowie Zuschüsse eine große Bedeutung für die Existenzsicherung des Vereins. Spenden kamen von Verbänden, Wirtschaftsbetrieben, parteiamtlichen sowie staatlichen Dienststellen. Es waren nicht nur Geldspenden es wurden auch Immobilien gespendet. Das Heim in Bad Polzin hatte die dortige Stadtverwaltung Adolf Hitler persönlich geschenkt, und dieser hatte es an den Lebensborn weitergegeben. Allerdings stammten andere Häuser wiederrum aus dem Besitz von jüdischen Familien, diese wurden enteignet. Hier ist das Verwaltungsgebäude in München zu nennen sowie die Heime in Österreich.[47]

Hitler soll 1940 einen Befehl zur Überweisung einer „bedeutenden Summe an den Lebensborn" unterzeichnet haben, die von verschiedenen „eingezogenen" jüdischen Bankkonten stammte.[48]

Die Nationalsozialistische Volkswohlfahrt (NSV) übernahm bis 1939 den größten Anteil an der Finanzierung des Lebensborn e.V., besonders die Anschaffung der neuen Heime sowie deren Einrichtung gehörte zu der finanziellen Unterstützung und betrug ca. eine Million Reichsmark. 1940 musste sich Sollmann der Vorsitzende des Vereins, allerdings um neue Geldgeber bemühen, da der NSV die Zusammenarbeit mit dem Lebensborn ab diesem Zeitpunkt ablehnte. Das Reichsfinanzministerium wurde der wichtigste Geldgeber des

---

[44] Rede Himmlers vor der Auslandorganisation vom 02.09.1938, zit. bei Smith/Peterson 1974, S. 93.
[45] Lilienthal 1993, S.37.
[46] Ebd.
[47] Schmitz-Köster 1997, S.37.
[48] Ebd.

Lebensborn, es erklärte sich bereit ab 1943 Dauerzuschüsse von jährlich drei Millionen Reichsmark zu leisten."[49]

2.5 Die Reorganisation des Vereins und Umstrukturierung des Vereins

Durch die Eröffnung immer neuer Heime wurden sehr bald Schwierigkeiten innerhalb der Lebensborn-Führung deutlich. Der Vorstand wie auch die Geschäftsführung waren sehr schnell überfordert. Am 8.März 1937 ließ Himmler die Verwaltung durch SS-Gruppenführer Pohl überwachen und bereitete dann die Herauslösung aus dem RuSHA vor.[50]

Das RuSHA wurde am 7.September 1937 darüber informiert, dass der Hauptsitz des Lebensborn e.V. von Berlin nach München verlegt würde. Nun wurde der Lebensborn dem persönlichen Stab Reichsführer-SS zugeordnet, nun unterstand die Organisation Himmler persönlich. Himmler war nun offiziell Vorsitzender des Lebensborn e.V. und war für alle Belange des Lebensborn zuständig; alle Schriftstücke mussten ihm persönlich vorgelegt werden. Das RuSHA versuchte sich gegen den Umzug nach München und gegen die Eingrenzung seiner Machtbefugnisse zu wehren, kam aber gegen Himmler nicht an. Am 1.März 1938 nahm die Zentrale des Lebensborn ihren Dienstbetrieb in München auf.[51]

2.5.1 Der Verwaltungsapparat

Die Zentrale wurde in München in dem beschlagnahmten Haus von Thomas Mann untergebracht. Sie war bis 1939 in zwei Hauptabteilungen untergliedert:

> „Die **Hauptabteilung A (Allgemein)** bestand aus sieben Abteilungen und war vorwiegend für die verschiedenen Bereiche der Betreuung von Mutter und Kind zuständig. Darunter fielen u.a. die Abteilungen Heimaufnahme, Unterstützung Kinderreicher, Betreuung Heiminsassen und die Rechtsabteilung (diese war vorher unter der Abteilung Geheimhaltung aufgeführt, bis ihr dann das Ressort Prozessführung angegliedert wurde).
>
> Die **Hauptabteilung F (Finanzen)** erlebte bis 1939 eine zunehmende Auffächerung und bestand dann ebenfalls aus sieben Abteilungen z.B. Kassenführung und Gehaltsabteilung, Buchhaltung, Grundstücksverwaltung, Krankenkassenabteilung, Beitragsabteilung und Mitgliedswerbung."[52]

---

[49] Lilienthal 1993, S. 128ff.
[50] Ebd., S. 52f.
[51] Schmitz-Köster 1997, S.37.
[52] Weissteiner 2009, S.18.

1940 wurde der ganze Verwaltungsapparat nochmals umstrukturiert, so dass es dann sieben Hauptabteilungen gab:

„*1. Hauptabteilung A (Arbeit)*

2. Hauptabteilung P (Personal)

3. Hauptabteilung K (SS-Kriegswaisen)

4. Hauptabteilung V (Verwaltung)

5. Hauptabteilung F (Finanzen)

6. Hauptabteilung G (Gesundheitswesen)

7. Hauptabteilung R (Rechtswesen)"[53]

Diese Vergrößerung des Verwaltungsapparates führte auch zu einer Aufstockung des Arbeitspersonals, so waren im Frühjahr 1942 bereits 220 Angestellte in der Lebensborn-Zentrale beschäftigt.

2.6 Das Personal des Lebensborn e.V.

Die Lebensbornheime wurden von einem SS-Arzt geleitet, dieser wohnte im Heim und sorgte für die medizinische Betreuung der Frauen. Er war der einzige im Heim, der Zugang zu den geheimen Akten der Zentrale hatte, so wusste er über den Hintergrund der Mütter und Väter Bescheid. Auch sollte er Schulungen organisieren und durchführen. Der Heimleiter war nach Himmler sowie dem Leiter des Lebensborn (bis 1940 Pflaum, dann Sollmann) die ranghöchste Person, aus diesem Grund musste ihm das Heimpersonal unbedingt Folge leisten. Zu seiner Aufgabe, gehörten auch die des Standesbeamten sowie die Versorgung des Heimes mit Lebensmitteln.

Zu seinem Personal gehörten eine Oberschwester, ein Heimverwalter sowie eine Sekretärin, diese waren alle SS- oder Parteimitglieder. Dieser Grundstock wurde von zusätzlichen Pflegepersonal unterstützt: Krankenschwestern, Kindergärtnerinnen, Wäscherinnen, Küchen- und Reinigungskräften, Gärtnern und Hausmeistern. Es wurden auch immer mehr Mütter nach der Entbindung für Pflegedienste oder Schreibarbeiten eingestellt.

Auch wurden KZ-Häftlinge für die niedrigen Arbeiten eingesetzt, so arbeiteten ca. 20 Zeugen Jehovas aus dem KZ-Ravensbrück, 30-35 Häftlinge aus dem KZ-Dachau sowie ca. 20 holländische Zwangsarbeiter in verschiedenen Heimen.[54]

---

[53] Lilienthal 1993, S.120ff.

2.6.1 Die Braunen Schwestern

Der Terminus „Braune Schwestern" wird auf drei Bedeutungsbereiche bezogen.

> *„1. Seit 1924 gab es Krankenschwestern die sich aus „innerster nationalsozialistischer Gesinnung heraus ganz für die Pflege verwundeter SA-Männer und für die Betreuung hilfsbedürftiger Parteigenossen" einsetzten.*[55] *Diese Schwestern wurden „Braune Schwestern" genannt.*
>
> *2. Die Schwestern der NS-Schwesternschaft, die am 17. Mai 1934 auf Anordnung von Rudolf Heß als Parteiorganisation der Nationalsozialistischen Deutschen Arbeiterpartei (NSDAP) gegründet wurden.*[56]

Diese Schwestern wählten als Schwesterntracht ein braun gemustertes Leinenkleid, weiße Schürze, Haube, Haubenstreifen und Brosche.[57]Die Schwestern sahen dies als „Ehrenkleid" an und konnten so in der Öffentlichkeit sofort zugeordnet werden.

> *3. Im Übertragenen Sinne bezeichnet der Begriff „Braune Schwestern" die positive Gesinnung zum Nationalsozialismus, dies brachten sie durch ihre Zugehörigkeit zu einer nationalsozialistischen Schwesternorganisation zum Ausdruck. Ihre Tracht sahen sie als äußeres Zeichen für ihre innere Verbundenheit zur nationalsozialistischen Weltanschauung."*[58]

Da in den Lebensborn-Heimen auch Krankenschwestern eingesetzt werden mussten, war für Himmler klar, dass diese von den „Braunen Schwestern" gestellt werden mussten. Zudem hatten die Schwestern die richtige nationalsozialistische Einstellung, es war hingegen nicht klar ob diese Schwestern über genügend Erfahrung im Bereich der Säuglingspflege verfügten und ob genügend Schwestern ausgebildet waren. Also wurden auch die sogenannten „Blauen" oder „Freien" Schwestern eingesetzt. Diese waren in keiner nationalsozialistischen Organisation.

Ziel war es aber auch eine eigene Lebensborn-Schwesternschaft auszubilden und diese in den Heimen einzusetzen. Da die „Brauen Schwestern" von ihrem Mutterhaus eingeteilt wurden, verließen die Schwestern häufig die Heime. Ebner war der Meinung, dass dies nicht gut für die Versorgung der Säuglinge sei. Auch gab es bei den Schwestern immer wieder Vorbehalte den ledigen Müttern gegenüber, da die meisten Schwestern sich für eine Eheschließung und die Gründung einer Familie einsetzten.

---

[54] Lilienthal 1993, S.62
[56] Breiding 1998, S.265.
[57] Richtlinien der NS-Schwesternschaft vom 21.Juni 1934, S.8 In: BA R36/1060.
[58] Breidling 1989, S.265.

Sobald eine Schwester ein uneheliches Kind bekam, wurde sie aus der Schwesternschaft entfernt. Ebner wollte diese Schwestern aufnehmen und ein Teil der Mütter sollten zu „Lebensborn-Schwestern" ausgebildet werden. Ebners Ziel war es, eine Schule für die Lebensborn-Schwestern zu gründen, doch es kam anders, denn Himmler hatte den Reichsbund der NS-Schwestern gründen lassen, in dem nun die „Braunen" und die „Blauen" Schwestern zusammengefügt wurden. Ebner wollte allerdings für die Heime Schwestern, die dem Erscheinungsbild des „Herrenmenschen" entsprachen. *„Sie müssen auch in ihrem äußeren Erscheinungsbild ... eine Auslese sein. Die Mindestgröße soll 1,60 m sein. Rein ostbaltische und rein westliche Typen kommen für den Lebensborn nicht in Frage."*[59]

2.6.2 Dr. Gregor Ebner

Gregor Ebner wurde am 24.Juni 1892 in Ichenhausen geboren. Er besuchte das humanistische Gymnasium in Neuburg an der Donau, in München und Erlangen studierte er von 1912 bis 1920 Medizin. Nach seinem Studium praktizierte er als Arzt in München. Während des ersten Weltkrieges war er als Feldhilfsarzt tätig. Bereits 1930 trat er der NSDAP bei, der SS im Juli 1931.[60]

Als im August 1936 das Lebensborn-Heim „Hochland" eröffnet wurde, hatte man einen Arzt aus der Umgebung für die Heimleitung gesucht. Mit diesem Posten war auch seine Ernennung zum SS-Führer im Stab des Rasse- und Siedlungshauptamtes, in dieses der Lebensborn organisatorisch eingebunden war, verbunden. Ebner war der Auffassung: *„Wenn schon der Staat heute den mit Erbkrankheiten behafteten Teil des Volkes von der Fortpflanzung ausschließt, so muss auf der anderen Seite jedes erbgesunde Leben gutes Blutes, das zur Welt kommt, gefördert und um jeden Preis erhalten werden."*[61]

Seine Privatpraxis führte Ebner bis 1937, entschloss sich dann allerdings hauptamtlich dem Lebensborn e.V. beizutreten. 1938 kam es zu einer Umstrukturierung des Vereins in Folge dessen wurde Ebner wegen seiner Verdienste zum geschäftsführenden Vorstandsmitglied benannt. Er war unter anderem für die Einrichtung neuer Heime zuständig, vorrangig allerdings für die ärztliche Leitung aller Lebensborn-Heime. Als es 1940 zu einem Führungswechsel des Lebensborn e.V. kam, wurde Ebner zum Leiter der Hauptabteilung Gesundheitswesen ernannt. Seine Aufgaben beschrieb er selbst folgendermaßen:

---

[59] Breiding 1998, S. 278.
[60] StAM, SpkA K328, Unterlagen Militär Tribunal Nürnberg, Bl. 49-52.
[61] Vgl. Lilienthal: Lebensborn S.27

> *„Als Leiter des Gesundheitswesens des Lebensborn e.V. war ich verantwortlich für den Zustand aller Lebensborn-Kinder und Mütter, das ist einschließlich der Kinder, welche vom Lebensborn e.V. aus dem Ausland übernommen wurden. Bei Kindern aus dem Ausland, wobei keinerlei Dokumente vorlagen, war es meine Aufgabe, das ungefähre Alter feststellen zu lassen. Es war auch meine Aufgabe zu ermitteln, ob die aus Deutschland oder dem Ausland stammenden Kinder adoptionsfähig sind."*[62]

Durch das Germanisierungsprogramm, welches die Reichsführung wegen der hohen Verluste in den Kriegsjahren durchführte, war auch Ebner beteiligt. Gerade die nordische Rasse entsprach dem Ideal der Nationalsozialisten, so wurden besonders norwegische Frauen mit ihren Kindern in Heimen des Lebensborn untergebracht. In einem Brief an Sollmann schrieb Ebner: *„Da Frauen mit rein nordischem Erscheinungsbild immerhin selten, und insbesondere die süddeutschen Gebiete an nordischem Blut verhältnismäßig arm sind, ist eine Verbindung rein nordischer Frauen gerade nach Süddeutschland besonders wünschenswert."*[63]

Mindestens einmal muss Ebner bei einer rassischen Beurteilung von 25 angeblichen Waisenkindern aus Polen zugegen gewesen sein. Dies ist durch einen Brief an Sollmann sichtbar, auch in wie weit Ebner in das nationalsozialistische Rassendenken verwurzelt war, wird dort deutlich. *„In rassischer Hinsicht können nur wenige Kinder als ein Gewinn für unser Volkstum bezeichnet werden."*[64] Der Heimalltag spielte bei Ebner ebenfalls eine große Rolle, er leitete die weltanschaulichen Schulungen der Mütter. Zu Ebners weiterem Arbeitsfeld gehörte der Vorsitz des Disziplin-Gerichtshofes des Nationalsozialistischen Ärztebund, er war Redner im rassenpolitischen Amt der Nationalsozialistischen Deutschen Arbeiterpartei sowie Kreisbeauftragter für Erb- und Rassefragen des Landkreises Ebersberg.[65]

2.6.3 Inge Viermetz

Inge Viermetz wurde am 07.03.1908 in Aschaffenburg geboren. Sie bekam eine höhere Schulbildung und machte ab 1922 eine kaufmännische Ausbildung. Sie arbeite als Stenotypistin. 1932 ging sie nach Österreich und heiratete dort. Politik war für sie kein Thema, sie trat nie in die NSDAP ein, allerdings war sie Mitglied der NS-Frauenschaft.

1938 nahm sie eine Stelle beim Lebensborn e.V. in München als Büro- und Schreibkraft an, sie war dort als Zivilangestellte beschäftigt. Inge Viermetz arbeitete in der Hauptabteilung A

---

[62] Eiderstadtliche Erklärung vom 24.Juni 1947. StAM, SpkA K328, Unterlagen Militär Tribunal Nürnberg, Bl. 51.
[63] Schreiben an Sollmann vom 22.Mai 1940. StAM, SpkA K328, Hauptakten, Bl. 57-59
[64] Schreiben an Sollmann vom 25.August 1941. IST: L-Ordner 18,Bl.24.
[65] Themen seiner Vorträge waren u.a.: „Die uneheliche Mutter und ihr Kind", „Reinhaltung der Rasse", „Gefahr der Rassenmischung". Zit.: BDC: Ordner 54, SS-6005.

(Allgemein), welche für die Heimaufnahme der Mütter sowie der Kinder in die Heime zuständig war. Ab September 1939 wurde sie mit der Reorganisation sowie der Leitung der Abteilung beauftragt, in der an „Lebensborn-Mütter" Arbeitsplätze vermittelt wurden.[66] Sie führte die gesamte Korrespondenz mit den Müttern sowie den zuständigen Arbeitsämtern und Firmen. Diese Aufgabe machte sie so gut, dass sie 1940 mit der Leitung der Stellenvermittlung die Reorganisation und Leitung der Abteilung „Pflegeheime und Adoptionsvermittlung" beauftragt wurde.[67] Viermetz nahm Kontakt mit den potenziellen Pflegeltern auf, übernahm aber auch die Verhandlungen mit den staatlichen Stellen. Allerdings kam es nach einiger Zeit zum Streit mit Sollmann, und Viermetz bat um ihre Entlassung.

Da Sollmann sie allerdings nicht als Lebensbormitarbeiterin verlieren wollte, ernannte er sie als „Sonderbeauftragte des Lebensborn". Sie fuhr immer wieder in verschiedene Gebiete, in denen Kinder eingedeutscht werden sollten und führte Verhandlungen um die Übernahme in die Lebensborn-Heime zu bewerkstelligen. 1942 nahm sie an einer „Euthanasieaktion" teil, sie handelte im Auftrag ihres Vorgesetzten Sollmann und ließ ein Kind vom Heim „Pommern" in die psychiatrische Landesanstalt nach Görden überweisen. Das Kind war nach einer Woche tot.[68]

Im März 1943 kam es zum endgültigen Bruch zwischen Viermetz und dem Lebensborn e.V., Viermetz wurde vorgeworfen, Gelder, Lebensmittel des Vereins veruntreut, aber auch Urkunden gefälscht zu haben. Im Dezember 1943 wurde sie wegen SS-schädigenden Verhaltens fristlos gekündigt.

2.7 Das Ende des Lebensborn e.V. in Deutschland

Der Traum Himmlers von einem Europa mit arischen Männern und Frauen, die reines arisches Blut und guter Rasse entsprangen, fand in Steinhöring, wo alles anfing auch sein Ende.[69] Wegen der Kriegsentwicklung wurden schrittweise immer mehr Lebensbornheime aufgelöst. Die dort lebenden Kinder wurden in verschiedene Heime innerhalb des Reiches verschickt. Und lebten dort in für sie schnell errichteten Baracken auf dem Gelände, die meisten Kinder wurden nach Heim „Hochland" evakuiert.

---

[66] Vgl. BA Koblenz, All Proz. 1 XXXXXIV R, 4 Trial Brief against Viermetz vom 12.2.1948, S.1.
[67] Zit. Böltgen 1995, S. 12
[68] Vgl. Hillel, S.166ff.
[69] Weisensteiner, S. 81.

Die SS hatte Angst, dass ihre „Elite" Deutschlands in die Hände der Alliierten fallen würden und suchte für die Kinder Pflegefamilien, in denen sie untergebracht werden konnten. Für die zahlreichen Kinder waren allerdings keine Familien zu finden und so wurden sie überstürzt mit Lastwagen und Sonderzügen der SS quer durch Deutschland bis nach Wiesbaden in das Heim Taunus gebracht.

Als die Amerikaner 1945 das Heim „Hochland" bei Steinhöring besetzte herrschten dort unbeschreibliche Zustände. Hier waren 160 bis 300 Kinder untergebracht und das Heim war hoffnungslos überfüllt. In einem der ersten Bücher über den Lebensborn e.V. von Hiller 1975 wird diese Situation wie folgt beschrieben: *„Die „Wiege des Deutschlands der Zukunft" ist noch ein riesiges, schmutziges und heillos überbelegtes Barackenlager. Immer wieder gibt es Streit: man prügelt sich um ein Kinderbett oder um einen Platz am Fenster. [...]"*[70]

2.7.1 Die Vernichtung der Unterlagen

Obwohl ein panischer Rückzug sowie die Flucht der Lebensborn-Funktionäre herrschte, versuchten diese noch so viele Unterlagen wie möglich zu vernichten. Die Spuren der Kinder sollten vernichtet werden. Es wurde tagelang Papier verbrannt.

Allerdings sollen wohl nicht nur die Lebensborn-Mitarbeiter schuld an der Vernichtung der Unterlagen gewesen sein. So behauptet Sollmann, es habe ein amerikanisches Kommando sechs Kisten mit Dokumenten in Nussdorf bei Rosenheim in den Inn geworfen.[71]

Aus diesen Gründen gibt es viele Lücken und die Dokumentenlage ist daher sehr unproblematisch. Allerdings ist aus dem, vorhanden Aktenbestand noch zu sehen, was damals vernichtet wurde. Es waren wohl die Akten über die Kindsväter, die rassischen Begutachtungen der Mütter sowie die Akten der Pflege- und Adoptionsfamilien.[72]

2.8 Der Lebensborn vor dem Nürnberger Gerichtshof

Der sogenannte 8. Nachfolgeprozess, der auch RuSHA-Case genannt wurde, fand vom 1.Juli 1947 bis zum 10. März 1948 im Justizpalast Nürnberg statt und war der Prozess, in dem gegen das Rasse- und Siedlungshauptamt der SS (RuSHA) verhandelt wurde. Innerhalb dieses Nachfolgeprozess wurde gegen hohe Beamte von SS-Organisationen verhandelt. Ihr gemeinsames Ziel war es, die Überlegenheit der „nordischen Rasse" zu fördern, zu beschützen und alles unwerte Leben, welches nicht in die Rassenpolitik der NSDAP passte,

---
[70] Hillel/Henry 1975, S. 303f.
[71] Lilienthal 1993, S.232.
[72] Schmitz-Köster 1997, S.12.

zu beseitigen. Der Lebensborn e.V. war Bestandteil des RuSHA und wurde so in diesem Prozess mit verhandelt. Durch die Entführung von „rassisch wertvollen Kindern" zum Zwecke der Arisierung hatte sich der Verein schuldig gemacht. Auf der Anklagebank saß unter anderem der SS-Oberführer Gregor Ebner, SS-Standartenführer Max Sollmann, SS-Sturmbandführer Günther Tesch sowie Inge Viermetz, diese sind stellvertretend für den Lebensborn e.V. zu sehen. Heinrich Himmler als Reichsführer-SS hatte sich der Strafverfolgung bereits am 23.Mai 1945 durch Suizid entzogen. Die Lebensborn-Mitarbeiter wurden wegen:

> „1. Verbrechen gegen die Menschlichkeit.
> - Entführung „rassisch wertvoller" ausländischer Kinder zum zwecke der Germanisierung.
> - Ausrottung von Kindern die Zwangsarbeiterinnen in Deutschland geboren hatten.
> - Plünderung, von öffentlichen und privatem Besitz in Deutschland aber auch in den angegliederten besetzten Gebieten."[73] angeklagt.

Allen Lebensborn-Vertretern wurde unter diesem Anklagepunkt auch zur Last gelegt, dass der Verein jüdische und polnische Krankenhäuser, Wohnungen sowie Güter übernommen habe.[74]

> „2. Kriegsverbrechen
> - Gewalttaten oder Vergehen gegen Leib, Leben und Eigentum"[75]
> „3. Mitgliedschaft in einer kriminellen Organisation"[76]

Ebner wurde nicht als „Hauptschuldiger" beurteilt sondern als „Belastet" eingestuft.[77] Außerdem wurde er zu einer 2 Jahre und 8 Monate langen Gefängnisstrafe verurteilt. Max Sollmann wurde zu 2 Jahren und 8 Monaten, Günther Tesch zu 2 Jahren und 10 Monaten verurteilt. Inge Viermetz wurde als einzige freigesprochen, sie hatte keiner SS-Organisation zugehört.

Die Organisation Lebensborn e.V. wurde als caritativer Verein eingestuft. Dieses Urteil wurde allerdings in einem Spruchkammerverfahren widerlegt. Hier hieß es im Urteilsspruch: „der Lebensborn e.V. sei eine Organisation die nach ihrer praktischen Tätigkeit den Grundzielen der Himmler'schen SS-Rassenpolitik zu dienen hatte."[78] Die Angeklagten hatten hier als

---

[73] Vgl. Bräsel, 2009, S. 8.
[74] Vgl. Heinemann 19 S.616.
[75] Stiller, S.233f.
[76] Rückerl 1979, S.50ff.
[77] Protokoll der öffentlichen Sitzung vom 15. März 1950. StAM, SpKAK328, Hauptakten, Bl. 262f.
[78] Vgl. ebd., Bl. 279.

Nationalsozialisten und Angehörige der Allgemeinen SS gehandelt und nicht um einer allgemeinen unpolitischen Wohlfahrtsaufgabe zu dienen.[79]

Auf dem unteren Bild sind die 14 Angeklagten bei dem RuSHA-Prozess zu sehen. Inge Viermetz sitzt links in der hinteren Reihe, Sollmann genau vor ihr genau wie Ebner und Tesch.

[80]

---
[79] Vgl. ebd.; Bl. 278.
[80] Abbildung 4: www.fritzberkner.de

3 Betreuung von Mutter und Kind durch den Lebensborn e.V.

Schaut man sich nur oberflächlich den Lebensborn e.V. an, so kann man den Eindruck erlangen, dass er nur eine Fürsorgeeinrichtung der SS gewesen sei. Sie kümmerte sich um die ledigen Mütter und ihre Kinder und stellte ihnen die sozialen Einrichtungen für die Entbindung zur Verfügung.

Allerdings entsprangen diese kreativen Maßnahmen keinesfalls dem Gefühl der sozialen Nächstenliebe sondern der „Höherzüchtung" der deutschen Rasse.

> *„Der Lebensborn legte den größten Wert auf die „arische" Abstammung – das „gute Blut" war schließlich sein Hauptinteresse. Und das erklärte er auch offen, zum Beispiel in einer Informationsbroschüre: Der Lebensborn unterscheidet sich von allen anderen Einrichtungen des Nationalsozialistischen Staat, die sich mit ähnlichen Aufgaben auf allgemeiner Grundlage befassen; seine Arbeit setzt die Anwendung des strengen erbbiologischen Ausleseprinzips der Schutzstaffel voraus."*[81]

3.1 Die Auslesekriterien bei der Aufnahme in die Lebensborn Heime

Jede werdende Mutter, die im Lebensborn ihr Kind zur Welt bringen wollte, musste sich einem strengen Ausleseverfahren unterziehen. Sie mussten verschiedene Dokumente vorlegen:

> *„a) eine Ahnentafel, die bis zum 1. Januar 1800 zurückreichen sollte;*
>
> *b) ein Erbgesundheitsbogen mit Angaben zur erblichen Belastung der Familie;*
>
> *c) ein ärztlicher Gesundheitsbogen zum Nachweis der Gesundheit und zur rassischen Beurteilung;*
>
> *d) ein Fragebogen, in dem Fragen zur Person gestellt wurden: Krankenversicherung, Beruf, ob man eine Ehe mit dem Kindsvater beabsichtigte, welche Gründe einer Ehe mit dem Kindsvater im Wege stehen u.a.;*
>
> *e) ein handgeschriebener Lebenslauf und ein Foto in Körpergröße;*
>
> *f) eine eidesstattliche Versicherung der ledigen Mutter, dass, der von ihr bezeichnete Mann der Vater des Kindes sei."*[82]

---

[81] Schmitz-Köster 1997, S.125.
[82] Lilienthal 1993; S.90f.

Vor der Aufnahme wurde die Mutter zu einem Allgemeinmediziner geschickt und musste ein Schriftstück vorlegen, welches streng vertraulich und nur vom Arzt selber zu lesen war. Dieses Schriftstück lautete wie folgt:

„Streng vertraulich!

An den untersuchenden Arzt

Sehr geehrter Herr Berufskamerad,

als Leiter des Gesundheitswesens im Lebensborn bitte ich Sie, die Überbringerin dieses Briefes ärztlich zu untersuchen und das Untersuchungsergebnis sind das beigefügte Formblatt einzutragen.

Die ärztliche Untersuchung soll ein klares Bild über Erscheinung, Gesundheit und den „Erbwert" des Prüflings ergeben.

Der Lebensborn ist eine Organisation der Schutzstaffel, die den Zweck hat:

1.) rassisch und erbbiologisch wertvolle, kinderreiche Familien zu unterstützen;

2.) rassisch und erbbiologisch wertvolle werdende Mütter in Heime aufzunehmen, wenn nach sorgfältiger Prüfung der gesundheitlichen und erbbiologischen Verhältnisse der Erzeuger anzunehmen ist, dass wertvolle Kinder zur Welt kommen;

3.) für diese Kinder zu sorgen;

4.) für die Mütter der Kinder zu sorgen.

Für die Entscheidung, ob eine werdende Mutter in ein Heim des Lebensborn aufgenommen werden kann, ist die gewissenhafte Beantwortung der in dem „Gesundheitsnachweis" gestellten Fragen dringend erforderlich.

Für die Untersuchung hat die Untersuchte eine Gebühr von RM 3,- an den untersuchenden Arzt zu entrichten. Im Falle der Bedürftigkeit trägt der Lebensborn die Kosten. Nach Eingang des ärztlichen Gutachtens überweist der Lebensborn dem untersuchenden Arzt zusätzlich RM 2,-

Der Leiter des Gesundheitswesens

Im Lebensborn e.V. Gez. Ebner"[83]

Diese Unterlagen musste auch der Vater dem Lebensborn vorlegen, hierfür war es notwendig, dass die Mutter den Namen des Vaters preisgab. Egal ob er verheiratet war oder nicht. Hatte sie wechselnde Partner oder arbeitete als Prostituierte, wurde sie sofort vom Lebensborn abgelehnt. Diese Vorlage der Papiere entfiel nur bei den Angehörigen der SS, wenn bereits

---

[83] Vordruck „An den untersuchenden Arzt", Reichsarchiv Oslo, Abteilung Gesundheitswesen, Paket 11. Zit. nach, Weissteiner 2008, S. 29ff.

eine Heiratsgenehmigung des RuSHA erteilt worden war – diese waren dann schon überprüft worden.

Die Frauen sahen diese Prozedur als Aufwertung und Auszeichnung an, wenn sie in ein Heim aufgenommen wurden, da sie bis aufs Letzte geprüft worden waren und für Wert befunden wurden! Gerade im Fall der unehelichen Schwangerschaft war vorher ein drohender gesellschaftlicher Absturz vorausgegangen und mit dem Lebensborn wurde ihre Schwangerschaft aufgewertet.[84]

War eine Frau vom Lebensborn abgelehnt worden, so konnte dies viele Gründe haben. Neben den äußerlichen, rassischen Merkmalen, die dem arischen, nordischen Typ widersprachen (ostische, baltische Einschläge), neben Erbkrankheiten in der Familie oder einem ausschweifenden Lebensstil oder in Ermangelung des Ariers-Nachweises der Vorfahren gab es auch andere Motive, so wurde eine Schwangere abgelehnt, die bereits ein Kind bekommen hatte, allerdings mit Kaiserschnitt.[85]

In den ersten Jahren verfuhr der Verein sehr rigide bei der Heimaufnahme, Ebner sprach von 40-50% Heimaufnahmen. Lilienthal widerlegte dies allerdings, es sei nur eine Wunschvorstellung Ebners gewesen, da wohl 75% der Anträge bewilligt wurden.[86]

Nach der Geburt des Kindes, während des Heimaufenthaltes wurden von den Schwestern und Ärzten ebenfalls Fragebögen ausgefüllt. Hier wurde unter anderem Folgendes vermerkt:

> „*Weltanschauliche Einstellung*
>
> *Gute Nationalsozialistin. Nahm mit ihrem Kind an einer Geburtsfeier teil.*
>
> *Charakterliche Beurteilung und geistige Fähigkeiten*
>
> *Etwas männlich und rau im Wesen, konnte wenn sie Vertrauen spürte, jedoch aufgeschlossen sein. Geistig rege mit rascher Auffassung. Sauber und gepflegt.*
>
> *Verhalten während der Schwangerschaft*
>
> *Bei verhältnismäßig rascher Geburt sehr willige und tapfere Mitarbeit.*
>
> *Einstellung zum Kindesvater*
>
> *Es besteht eine gute Verbindung, doch ist Heirat unmöglich.*
>
> *Entspricht die Mutter dem Ausleseprinzip der SS?*

---

[84] Schmitz-Köster 1997, S.143ff.
[85] Vgl. Lilienthal 1993, S.95.
[86] Vgl. Lilienthal 1993, S. 94.

a) *rassisch?*

b)

c) *weltanschaulich?*
   Im ganzen nicht mehr als durchschnittlich zu bezeichnen.

d) *charakterlich?"*[87]

Die Frauen, welche in den Lebensborn-Heimen entbunden hatten, sahen diese Untersuchungen als nicht sehr bedeutsam an. Für sie war die Versorgung die sie dort erhielten an erster Stelle, hier herrschte meistens kein Bewusstsein für die rassische Auslese der Nationalsozialisten

3.2 Mütterfürsorge

Wenn die Mütter erst einmal die Aufnahmeprozedur überstanden hatten, bot der Lebensborn eine Menge von sozialen Einrichtungen und Annehmlichkeiten. Gerade auf die Lage der unverheirateten Frau wurde mit besonderem Maße geschaut. Sie war hinter den Mauern des Lebensborn vor dem Hohn der Gesellschaft geschützt. Wenn sie ihr Kind nicht zu sich nehmen konnte, wurde es erst einmal in einem Lebensborn-Heim untergebracht. Ebenso bekam jede junge Mutter, die das Heim verlassen wollte eine Entschädigung für postnatale „Gymnastik und Schönheitspflege".[88] Aber auch auf Wunsch der Mutter wurde der Kindsvater geheim gehalten, sowie die des Kindes. Die jungen Frauen konnten in ihr altes Leben zurückkehren, ohne dass ihre Umwelt wusste, dass sie Mutter geworden war:

> *„Auf Befehl des Reichsführers hatte der Lebensborn also die Aufgabe, „den Sieg des deutschen Geistes den Sieg des deutschen Kindes" folgen zu lassen. Das bedeutete, den „rassisch wertvollen" ledigen Müttern die Möglichkeit zu geben, ohne Wissen der Eltern heimlich zu entbinden und das Kind, sofern sie es wünschten, der SS zur Betreuung und später Adoption zu überlassen."*[89]

3.2.1 Hilfe bei der Arbeitssuche

Natürlich konnten sich die Mütter nicht für immer in den Lebensborn-Heimen verstecken, irgendwann mussten sie wieder in ihren Alltag zurück. Allerdings war es für die ledigen Mütter sehr schwer, einen geeigneten Arbeitsplatz zu bekommen, bei dem sie ihr Kind bei sich behalten konnten. Der Lebensborn bat ihnen auch in dieser Lebenslage Hilfe an, sie

---

[87]Bieseke 2009, S. 26f.
[88]Vgl. Hillel/Henry 1975, S. 69.
[89] Hillel/Henry 1975, S.60.

konnten ihr Kind in Obhut des Vereins lassen, bis sie soweit wieder Fuß gefasst hatten und ihr Kind eigenständig versorgen konnten.

Ab 1938 wurden vermehrt Frauen, die in den Heimen entbunden hatten, als Sekretärinnen, Köchinnen, Schwestern, Hebammen, Wäscherinnen sowie Kindergärtnerinnen beim Lebensborn eingestellt. So konnten die Frauen arbeiten und ihr Kind wohnte mit ihnen unter einem Dach, sie konnten es jeder Zeit sehen und versorgen. Auch bei einer zweiten Schwangerschaft war es möglich, das erste Kind in Obhut des Vereins zu lassen und in einem anderen Heim zu entbinden und dann ihre Arbeit wieder aufzunehmen. [90]

3.2.2 Zurücklassen der Kinder

Für die Mehrzahl der Mütter war es allerdings nicht möglich, sich nach der Geburt um ihre Kinder zu kümmern, diese Kinder wurden in den Anstalten des Lebensborn zurückgelassen. Dadurch kam es zu einer Überfüllung der Heime. Auch wusste man erst einmal nicht, was mit den unehelichen Kindern geschehen würde.

Ebner war zu Anfang der Meinung, diese *„wertvollen Kinder der SS"* dürften keiner Kollektiverziehung unterzogen werden, also suchte man geeignete Pflegefamilien, welche die Kinder aufnahmen. Diese Familien fand man in kinderlosen SS-Familien, allerdings nur sehr spärlich.

3.2.3 Die Geburtenstatistik

Wie viele Geburten wurden nun in den Heimen registriert? Lilienthal gibt folgende Zahlen pro Monat an:

„1939	*63,6 Geburten*
1940	*86,4 Geburten*
1.1941-1.4.1942	*74,2 Geburten*
1942	*79,2 Geburten*
1.4.1942-30.9.1943	*87,2 Geburten"* [91]

Der steile Anstieg 1940 ist sehr auffallend. Durch die Schließung des Heimes „Friesland" 1941 ist das Absinken der Geburten zu erklären.

---

[90] Vgl.: Weissteiner 2003, S. 35.
[91] Vgl. Lilienthal 1993, S.112f.

59,6% der Geburten erfolgten von unehelichen Müttern, wobei der Vater in 29,1% ebenfalls ledig war, in 30,5% aber verheiratet.[92]

Das Verhältnis der unehelichen und ehelich geborenen Kinder änderte sich mit den Jahren. Die ersten vier Lebensbornjahre waren etwa 53,4% der Mütter nicht verheiratet. Gegen Kriegsende kamen aber immer mehr verheiratete Frauen in die Heime, da sie die bombardierten Städte verlassen wollten.[93]

3.3 Das Gebot der Geheimhaltung

Bei Heimaufnahme konnte die werdende Mutter absolute Geheimhaltung beantragen. Die Mutter war so in der Lage, im Mantel der Verschwiegenheit ihr Kind zur Welt zu bringen. Sie konnte in ihr altes Leben zurückkehren, ohne dass ihre Umwelt erfuhr, dass sie Mutter geworden war. Zu Beginn des Lebensborn war es etwa die Hälfte aller Schwangeren, die Geheimhaltung wünschte. Nach der Geburt sowie bis zu drei Jahren danach sank der Prozentsatz oder wurde ganz aufgehoben. Dies lag daran, dass die jungen Mütter ihren Familien reinen Wein eingeschenkt hatten oder den Kindsvater geheiratet hatten. Sie lebten in sicheren Verhältnissen und konnten ihr Kind zu sich nehmen.

Für die werdenden Mütter war diese Geheimhaltung außerhalb des Lebensborn nicht möglich, da eine Reihe an Gesetzen und Verordnungen dagegen standen. Allerdings war der Lebensborn Meister darin, diese Gesetzte und Verordnungen zu umgehen. So gab Himmler eine Reihe an Erlassen heraus, diese sollten die Geheimhaltung schützen:

„24. Mai 1937. Die ledigen Mütter haben das Recht, ihren eigenen Namen oder den ihres Kindes zu ändern.

9. Januar 1939: Den ledigen Müttern ist es freigestellt, innerhalb oder außerhalb des Lebensborn den Namen ihres Kindes bekanntzugeben.

28. Januar 1939: „Allgemeine Anordnung Nr. 105, betrifft Ausstellung von Geburtsurkunden: Mit sofortiger Wirkung wird angeordnet, dass Geburtsurkunden von den in den Heimen geborenen unehelichen Kindern nur an die leibliche Mutter und an den Erzeuger des Kindes ausgehändigt werden. Sollten derartige Anträge eingereicht werden, so sind diese sofort der Zentrale einzureichen..."

Anordnung Nr.119 vom 5. Januar 1939: Betr.: „Die im Lebensborn unehelich geborenen Kinder." (Sinngemäß) Infolge eines Übereinkommens zwischen dem Büro für

---

[92] Seidler 1990, S.295.
[93] Schmitz-Köster 1997, S.42.

> *Abstammungsforschung des Reichsministeriums und der Organisation L. ist es möglich, das Geheimnis über die Abstammung der innerhalb des Lebensborn illegitim geborenen Kinder auf unbegrenzte Zeit zu wahren. Das Reichsbüro wir ein Attest liefern, in dem die arische Abstammung des Kindes bestätigt wird. Dieses Attest kann von einem illegitim in einem Lebensborn geborenen Kind beim Schuleintritt, bei der Hitlerjugend, beim Eintreten in die höhere Schule vorgewiesen werden, ohne dass dabei die geringste Schwierigkeit entsteht. Auf diese Weise wird die strengste Geheimhaltung bezüglich des Namens des Kindsvaters hundertprozentig gewährleistet."*[94]

Ebenso verfügte der Lebensborn über eigene Meldestellen, da für alle Bürger polizeiliche Meldepflicht bestand. Allerdings merkten dies die Behörden sehr zeitnah und so richtete der Lebensborn zusätzliche polizeiliche Meldestellen ein, welche das Dienstsiegel „Polizeiliche Meldestelle II in…" führten. So waren die Frauen nicht nur für ihre Familie sondern auch für die Polizei „aus der Welt".[95]

Auch das Problem der eingehenden Post für die Pensionärinnen wurde sehr schnell gelöst, so stellten Lebensborn-Mitarbeiter, darunter auch Ebner und Viermetz, ihre Privatadressen zur Verfügung. Hierüber wurde die gesamte Korrespondenz zwischen Zentrale und den Pensionärinnen abgewickelt.[96]

Ebenso musste ein eigenes Standesamt eingerichtet werden. Da gerade bei der Anerkennung der Vaterschaft die Heimatgemeinde des Vaters benachrichtigt werden musste. Der Standesbeamte in den Heimen war der Heimleiter, allerdings wurde der Name des Vaters auch im hauseigenen Standesamt sowie den Geburtenbüchern des Vereins nicht eingetragen. Nur die Münchener Zentrale verfügte über diese Informationen.[97]

Auch innerhalb des Heimes herrschte Schweigepflicht, so kamen Mütter und Angestellte nicht aus der Umgebung des Heimes, die einzige Ausnahme bildete hier das Küchen- und Hauspersonal, welches meist aus den umliegenden Ortschaften stammte. Ebenso hatten die Frauen innerhalb des Heimes Regeln zu befolgen. Das Standesamt sowie die Entbindungsstation waren nicht frei zugänglich. Schwangere und Mütter durften die Wöchnerinnen nicht besuchen.[98]

---

[94] Hillel/Henry 1975, S.67f.
[95] Vgl.: Lilienthal 1993, S.80.
[96] Vgl.: Hillel/Henry 1975, S.136.
[97] Vgl.: Schmitz-Köster 1997, S.129; und Lilienthal 1993, S.83.
[98] Vgl.: Schmitz-Köster 1997, S. 115f.

3.4 Die Reichsführer – Fragebögen

Auch im Heimalltag gab es weiterhin rassenkundliche Beurteilungen und charakterliche Einschätzungen.

Im Lebensborn wurde ab 1938 ein zweites Ausleseverfahren eingeführt: Die RF-Fragebögen. Die Abkürzung „RF" stand für „Reichsführer" – sie wurden für Himmler persönlich erstellt. Hier wurde Aufschluss über das Verhalten der Mütter während der Schwangerschaft, während der Geburt sowie danach gegeben. Es wurden Fragen über das rassische Erscheinungsbild, der weltanschaulichen Einstellung, den geistigen Fähigkeiten, dem Stillwillen und der Stillfähigkeit gestellt, aber auch nach Haushaltsfähigkeiten, Gesundheit, Charakter, politischer Einstellung und dem Verhältnis zum Kind.

Den Müttern wurde von dieser abermaligen Auslese nichts mitgeteilt, von Heimleitern wie auch der Oberschwester wurde nach der Entlassung der Frauen eine subjektive Beurteilung gegeben. Der endgültige Beweis der Gesundheit der Mütter war ein gesundes Kind. Die Fragebögen gingen direkt an Himmler und sollten über die Eignung der Mädchen und Frauen für sein rassenzüchterisches Vorhaben Auskunft geben.[99]

> *„Frauen mit der Endnote eins und einem entsprechenden, nicht ganz so wichtigen Kindesvater wollten Himmler und der Lebensborn unter Kontrolle behalten, im Krieg und erst recht nach dem (gewonnenen) Krieg. Denn dann sollte die Schaffung der „arischen" Elite und die „Aufnordung" des deutschen Volkes im großen Maßstab Wirklichkeit werden."*[100]

Die rassische Gesamtnote entschied nicht nur darüber, ob der Lebensborn die Frauen und ihre Kinder weiterhin unterstützte, sondern auch, ob sie weitere Kinder bekommen durften. Himmler sah sich zu Anfang die Fragebogen genau an und entwickelte ein Benotungssystem, zu Anfang noch mit gut, mittel, schlecht doch mit der Zeit Modifizierte er die Bewertungsskala in:

> *„I = vollkommen der Auslese der SS entsprechend*
>
> *II = guter Durchschnitt*
>
> *III = der Auslese nicht mehr entsprechend"*[101]

Allerdings war ihm dieses Schema bald nicht mehr genug und so erweiterte er es auf vier Klassen:

---

[99] Schmitz-Köster 1997, S.146f.
[100] Ebd., S.149.
[101] Lilienthal 1993, S.97.

> *„I: stand nun für Mütter und Väter, die charakterlich, weltanschaulich, rassisch, erbgesundheitlich und gesundheitlich in Ordnung waren;*
>
> *II: wurde an jene vergeben, die zwar charakterlich und weltanschaulich in Ordnung waren, jedoch rassisch, erbgesundheitlich oder gesundheitlich gewisse Mängel aufwiesen;*
>
> *III: bekamen diejenigen, bei denen man gewisse Mängel unreifer charakterlicher oder weltanschaulicher Art feststellte oder die rassisch, erbgesundheitlich oder gesundheitlich stärkere Fehler aufwiesen;*
>
> *IV: stand für unerwünschte Mütter oder unerwünschte Väter, die charakterlich oder weltanschaulich fehlerhaft oder rassisch abzulehnen waren oder die man erbgesundheitlich und gesundheitlich ernsthaft zu beanstanden hatte und die deshalb als Erzeuger von Kindern unerwünscht waren."*[102]

Diese Einstufungen hatten weitreichende Folgen: es wurde entschieden, ob eine Mutter als Schreibkraft im Lebensborn eingestellt wurde (nur Frauen mit den Wertungen I und II kamen dafür in Frage), ob Himmler für ein Kind, das am 7.Oktober zur Welt kam, die Patenschaft übernahm, ob der Mutter die Heiratserlaubnis mit einem besser beurteilten Kindsvater erteilt wurde oder auch wieder entzogen wurde.[103]

Falls die Mutter eine schlechte Beurteilung bekommen hatte konnte der Lebensborn sämtliche Unterstützungen einstellen so wie nicht gezahlte Beträge für die Heimunterbringung sofort einfordern, ohne Rücksicht auf die schwere wirtschaftliche Lage der Mutter Rücksicht zu nehmen. Falls beide Eltern eine schlechte Gesamtnote erhielten, konnten auch die Kinder „aussortiert" werden.[104]

3.5 Der Heimalltag

Die Frauen bekamen eine leichte Arbeit zugewiesen, sie mussten z.B. Gemüse putzen, Staub wischen oder Wäsche falten, dies sollte ihr körperliches Wohlbefinden steigern.

Allerdings war der Tagesablauf streng vorgeschrieben, es wurden zu fest bestimmten Zeiten die Mahlzeiten gemeinschaftlich in einem dafür vorgesehenen Speisesaal eingenommen. Tagsüber konnten die Frauen verschiedene Kurse besuchen, die sie zur Pflege ihres Kindes benötigten. Auch abends gab es Vorträge oder Gemeinschaftsveranstaltungen, diese waren politische Schulungen und wurden vom Heimleiter übernommen. Ebenso waren Ausgang und

---

[102] Ebd.
[103] Lilienthal 1993, S.98f.
[104] Schmitz-Köster 1997, S.148.

Besuch streng geregelt, die Frauen mussten sich abmelden, wenn sie das Lebensborn-Gelände verließen und durften ihren Besuch auch nicht auf ihre Zimmer einladen.

Die Einzelheiten des Heimbetriebes kamen von der Zentrale in München, diese brauchte allerdings auch für jede kleine Änderung oder Anschaffung die Zustimmung von oben, also von Heinrich Himmler. Dieser doch sehr streng geregelte Tagesablauf wurde gelegentlich von Feiern unterbrochen. So z.B. die Namensgebungsfeier.

3.5.1 Rituale – Die Namensgebung

Die Namensgebungsfeier kann man analog mit einer christlichen Taufe sehen, die Mütter gaben ihr Kind in die Sippengemeinschaft der SS. Jedes Kind wurde einem Paten anvertraut. Es wurde eine Rede gehalten, meist vom Heimleiter, aber hin und wieder auch von Himmler persönlich. Die ganze Zeremonie war sehr feierlich. Es wurde ein Lied gesungen und dann wurde der Zögling in die Gemeinschaft der SS aufgenommen. Nach den Feierlichkeiten gab es noch Kaffee und Kuchen für die Gäste, diese waren meist hohe SS-Beamte.

> *„Entsprechend sahen die Vorbereitungen aus: Ein großer Raum [...] wurde mit Führerbüste, Fahnen, Blumen und einem Bild von Hitlers Mutter geschmückt, bis alles „sehr feierlich" aussah. Dann wurden Stuhlreihen aufgebaut, und die Mutter mit ihrem „nett gekleideten" Säugling nahm in der ersten Reihe Platz. Dahinter gruppierten sich andere Heimbewohnerinnen, Personal und Gäste, manchmal waren Angehörige der Mutter darunter, immer Männer aus den Reihen der SS, die Patenschaften übernehmen sollten.*
>
> *Schließlich begann die Zeremonie unter der Regie des Heimleiters. [...]*
>
> *Zuerst spielte Musik, dann wurde ein „Sinnspruch" rezitiert, von einem SS-Führer oder einer Schwesternschülerin in BDM-Tracht, schließlich hielt der „Zeremonienmeister" eine*

---

[105] Wernigerode um 1943 bis 1945: Der Junge auf dem Bild ist der Sohn des damaligen Hausmeisters und das Mädchen die Tochter der ebenfalls auf dem Bild zu sehenden Oberschwester. Der SS-Offizier ist der Heimarzt und Obersturmführer Dr. Kern. Abbildung 5:Bryant 2011,S.133

Ansprache über „Sinn und Zweck der Namensgebung" und das „Brauchtum der Ahnen", über die christliche Taufe und germanische Vornamen.[...]

Die Mutter ging mit ihrem Kind nach vorne, ein SS-Mann, der die Patenschaft für das Kind übernehmen sollte, trat neben sie. Dann richtete der „Zeremonienmeister" wie ein Priester drei Fragen an die Mutter und an den Paten – so steht es jedenfalls in einem Bericht aus Steinhöring, der das Ritual ausführlich beschreibt: „Deutsche Mutter, bist du bereit, dein Kind im Geiste der nationalsozialistischen Weltanschauung zu erziehen?" Die Mutter gibt mit Handschlag ihr Ja-Wort. Daraufhin wendet sich der Heimleiter an den neben der Mutter stehenden SS-Paten: „Bist du, SS-Kamerad, bereit, dieser Mutter und ihrem Kind, wenn sie in Not und Gefahr geraten, persönlichen Schutz zu verleihen?" Handschlag, Ja. Bist du bereit, die Erziehung des Kindes im Sinne des Sippengedankens unserer Schutzstaffel stets zu überwachen? Handschlag, Ja. Der Heimleiter hält den SS-Dolch über das Kind, berührt es damit und spricht:"Ich nehme dich hiermit in den Schutz unserer Sippengemeinschaft und gebe dir den Namen ... Trage diesen Namen in Ehre"[...] Mit dem Dolch-Ritual war der Höhepunkt der Feier überschritten. Den Müttern wurde noch eine Urkunde überreicht, und zum Abschluss sang man stehend das „Treuelied" der SS. Dann begann der „gemütliche Teil" der Veranstaltung."[106]

Allerdings nahm die Zahl der Kinder, die einem SS-Paten anvertraut wurden zunächst einmal ab. Zu Anfang waren es noch 48,9%, welches bis 1941 auf 22,8% schrumpfte. Bis zu diesem Zeitpunkt war es den Müttern noch selbst überlassen, ihre Kinder in die Sippengemeinschaft zu geben. Ab 1941 übte der Lebensborn e.V. großen Druck auf die Mütter aus, sie wollten so die Kinder unter ihren Einfluss bringen und sichern, dass die Erziehung im Geiste der NS-Ideologie erfolgte. Wenn die Kinder erst einmal in die SS-Sippengemeinschaft aufgenommen waren, konnte der Orden auch über die Volljährigkeit hinaus Einfluss nehmen. Schließlich sollte aus den Kindern des Lebensborn der „Adel der Zukunft" entstehen.[107]

---

[106] Schmitz-Köster 1997, S.107ff.
[107] Lilienthal 1993, S.101.

3.5.2 Weltanschauliche Schulungen

„In würdiger, aber gefälliger Form sollten Vorträge, Filme, Vorlesungen und Singstunden in bunter Reihenfolge miteinander abwechseln"[110]

Der geschäftsführende Vorstand schrieb am 27.April 1938 eine Anordnung an alle Entbindungsheime, welche sich auf die „Weltanschaulichen Schulungen der Mütter in den Lebensborn-Heimen" bezog. Die Schulungen sollten einheitlich durchgeführt werden, mit dem Zweck, die Mütter zu guten Nationalsozialistinnen zu erziehen.[111] Es reichte also nicht, die Mütter in Mütterschulungskursen sowie hauswirtschaftlichen Fragen zu unterrichten, sie sollten auch „weltanschaulich gefestigt" die Heime verlassen. Diese Schulungen sollten abwechslungsreich gestaltet werden, so dass die Mütter nicht den Eindruck bekommen sollten, dass sie zwangsweise die Weltanschauung sowie anderes Wissen in sich aufnehmen sollte. So sollten Vorträge, Filme, Vorlesungen, Singstunden usw. in bunter Reihenfolge

---

[108] Abbildung 6:Bryant S.102
[109] Abbildung 7:Bryant S.105
[110] Allgemeine Anordnung Nr.50 vom 27.04.1938; BA: NS 2/65
[111] Biesecke 2009, S.67.

abwechseln. So wurden z.B. Reden von Adolf Hitler oder Josef Goebbels im Radio angehört. So sollten täglich fünfzehn bis sechzig Minuten für diese Schulungen eingeplant werden.

Durch eine Testphase, welche im Mütterheim Steinhöring durchlaufen wurde, zeigte sich, dass die Disziplin der Frauen weitgehend gefestigt wurde und der übliche Klatsch der Frauen weitgehend unterbunden war.

4 Die Ausdehnung des Lebensborn e.V. auf die besetzten Gebiete nach Nord- und Osteuropa

Das folgende Kapitel soll einen kurzen Einblick in die Aktivitäten des Lebensborn e.V. im Ausland geben. Exemplarisch habe ich die Länder Polen und Norwegen gewählt, da an diesen Beispielen verdeutlicht werden kann, welchen Tätigkeiten der Verein im Ausland nachging. Es soll nur ein kleiner Einblick in die Arbeitsweise des Lebensborn e.V. gegeben werden, aber für die Vollständigkeit der Darstellung des Lebensborn e.V. halte ich es für wichtig, einen kurzen Einblick in die Auslandsaktivitäten des Lebensborn e.V. zu geben. Wie viele Kinder nun genau in den einzelnen Ländern von der Besatzungsmacht hinterlassen wurden ist nicht genau zu sagen. Es existieren für Nord- und Westeuropa halbwegs zuverlässige Quellen. Daraus leitet sich folgende Anzahl von Kriegskindern her:

„Frankreich: 80.000 – 100.000 Kinder

Niederlande: 50.000 Kinder

Belgien: 40.000 Kinder

Norwegen: 10.000 Kinder[112]

Dänemark: 6.000 Kinder

Kanalinseln: 800 Kinder"[113]

4.1 „Geraubte Identität" – Der Kinderraub in Polen

Der Lebensborn e.V. war als offizieller Vormund für die eindeutschungsfähigen Kinder bis zum Kriegsende verantwortlich. Als Kontaktpersonen waren hier Max Sollmann, Günther Tesch und Inge Viermetz tätig, sie verhandelten mit dem Stabshauptamt, welches sich mit den Angelegenheiten der eindeutschungsfähigen Jungen und Mädchen befasste.

Die Kinder und Jugendlichen waren bereits rassisch überprüft worden und für rassisch wertvoll eingestuft worden. Sie wurden nach Deutschland verschleppt, mussten ihre Familie zurücklassen, ihre Sprache vergessen und ihre Identität verleugnen. Alle diese Kinder waren blond und blauäugig, welches sie zu „Arischen Kindern" machte. Sie waren meist Waisenkinder, aber sie wurden auch einfach aus ihren Familien geraubt.

---

[112] Mittlerweile haben neue Forschungen in Norwegen eine Zahl von circa 12.000 Kindern ergeben.
[113] Drolshagen 1989. S.185.

[114]

Himmler formulierte in einem Rundschreiben vom 14.Juni 1941, was mit den „germanischen Kindern" geschehen sollte:

> *„1) Ich halte es für richtig, wenn besonders gutrassige kleine Kinder polnischer Familien zusammengeholt und von uns in besonderen, nicht zu großen Kinderhorten und Kinderheimen erzogen würden. Das Wegholen der Kinder müsste mit gesundheitlicher Gefährdung begründet werden.*
>
> *2) Kinder, die nicht einschlagen, sind den Eltern zurückzugeben.*
>
> *3) Von den Kindern, die sich als einigermaßen gut herausstellen, wäre nach einem halben Jahr Ahnentafel und Abstammung einzuholen. Nach insgesamt einem Jahr ist daran zu denken, solche Kinder als Erziehungskinder in kinderlose gutrassige Familien zu geben.*
>
> *4) Als Leiter und Leiterinnen für solche Institutionen dürfen nur die besten und rassisch klarsehenden Kräfte genommen werden.*
>
> *Heil Hitler!*
>
> *gez. Himmler"*[115]

Besonders betroffen waren Kinder, deren Eltern es abgelehnt hatten, sich in die Deutsche Volksliste einzuschreiben, deren Eltern umgesiedelt, ins Reich zur Zwangsarbeit verschleppt oder ins KZ verschleppt worden waren. Aber auch Kinder aus deutsch-polnischen Mischehen oder aus Verbindungen polnischer Frauen und deutscher Soldaten, sowie Waisenkinder aus polnischen Waisenhäusern waren betroffen.[116]

Noch bevor die Kinder ins „Altreich" überführt wurden, hatten sie ihren polnischen Namen verloren und einen deutschen Namen zugeteilt bekommen. Aber auch die Geburtsdaten wurden sehr oft geändert, so dass jegliche Spuren der Kinder in Polen verwischt waren.

---

[114] Eines von Tausenden Kindern, die im "Polen-Jugendverwahrlager" in Lodz festgehalten wurden. Viele der verschleppten Kinder traten von Lodz ihren Weg zu Adoptiveltern in Deutschland an. Abbildung 8: www.deutsche-und-polen.de
[115] Zit. bei Hillel/Henry 1975, S.224ff
[116] Lilienthal 1993, S.195ff.

In Deutschland sollten die Kinder sehr schnell in Pflege- bzw. Adoptionsfamilien vermittelt werden, hier wurde gerade bei Adoptionen nochmals der Name der Kinder geändert. Allerdings konnten wohl bis Kriegsende nur zwei Kinder von den Pflegeeltern „rechtskräftig" adoptiert werden.[117]

Mit Kriegsende konnten die Kinder in Deutschland wieder hoffen, zurück zu ihren Familien zu kommen. Aber nicht alle Kinder wollten dies, gerade die jüngeren Kinder, die keine Erinnerung an ihr früheres Leben hatten, waren sehr verunsichert und hatten Angst. Am Beispiel der vierzehnjährigen Andrea Berger wird deutlich, wie fest die Wurzeln zu den neuen Familien schon waren:

> *„Ich wollte nicht nach Polen zurück. Die Pflegemutter wollte auch nicht, dass ich wieder zurückfahre. Wir sind zum Bürgermeister, der hat etwas unterschrieben, dann hat es geheißen, ich kann da bleiben und dann hat es endgültig geheißen, ich muss weg. Die anderen Polen, die polnischen Zwangsarbeiter, haben gesagt, ich muss mit."*[118]

Aber es gab auch die andere Seite, hier am Beispiel des Jungen Boleslaw Olczak, dieser kehrte auf einem Transport mit Zwangsarbeitern nach Polen zurück: *„Die Sehnsucht nach Polen und nach der Familie war so groß, dass ich mit einem Kollegen aus dem Lager geflohen bin und mit der Eisenbahn mit Zwangsarbeitern, bewacht von US-Soldaten, am 19.August 1945 in Polen eingetroffen bin."*[119]

In der Heimat waren die Jungen und Mädchen allerdings meist mit Vorurteilen der Bevölkerung konfrontiert und sehr schnell zu Außenseitern degradiert. Das Wiedersehen mit der Familie war nicht immer herzlich, die Verwandten hatten keine Zeit für die Rückkehrer, oder es wartete auch niemand mehr auf diese und so wurden sie wieder in Kinderheime abgeschoben.

Meist hatten die Kinder ihre Muttersprache vergessen und konnten sich nicht verständigen. Für sie war die meist gewaltsame Verschleppung aus ihrem Heimatland, die Trennung von den Eltern, ein tiefer Einschnitt in das Leben gewesen. Auch der Wechsel der Lebens- und Kulturwelt, die Züchtigungen in den Kinderheimen, die traumatischen Erfahrungen der rassischen „Examina" waren sehr schwer zu verkraften für die Kinder. In vielen Pflegefamilien wurden sie wieder aufgerichtet, integrierten sich in ihrer neuen Heimat und identifizierten sich mit ihrer neuen Familie. Die Angehörigen aber auch die Lehrer mussten

---

[117] Hopfer 2012, S.71
[118] Hopfer, 2010 S. 162; aus Interview, Andrea Berger, S.1.
[119] Ebd. S. 215; aus Fragebogen Olczak Boleslaw, S.5.

mit großer Geduld mit den verschleppten Jungen und Mädchen arbeiten. Sie waren innerhalb kürzester Zeit ihrer Identität zwei Mal beraubt worden und waren teilweise äußerst verstört.

4.2 Die „deutschen Kinder" in Norwegen

Nach Deutschland ist Norwegen das von den Lebensborn-Autoren meist erforschte Land. Dies liegt daran, dass der Lebensborn dort einen großen Erfolg verzeichnen konnte. In den norwegischen Heimen wurden ca. 7600 Kinder geboren. Man schätzt die norwegischen Kriegskinder auf 12000.[120]

Nachdem Norwegen besetzt worden war, schuf Hitler die Behörde des Reichskommissars für die besetzten norwegischen Gebiete.[121] Der Obergruppenführer Friedrich Wilhelm Redies, welcher zum „Höheren SS- und Polizeiführer beim Reichskommissar für die besetzten norwegischen Gebiete" befördert wurde, schrieb eine bevölkerungspolitische Stellungnahme mit dem Betreff: „Uneheliche Kinder als Folge der Besetzung Norwegens" an Himmler:

> „Mit dem Ende dieses Jahres und in vermehrten Maße im kommenden Frühjahr ist in Norwegen, wie wohl auch in anderen besetzten Gebieten, mit einem nicht unerheblichen Geburtenzuwachs zu rechnen, wobei als Vater der gezeugten Kinder Angehörige der deutschen Wehrmacht, der SS und der Polizei in Frage kommen ... Vereinzelt melden sich heute schon z.B. beim Reichskommissariat von Deutschen geschwängerte Norwegerinnen, die um Hilfe des Deutschen Reiches nachsuchen, vor allem wohl auch aus dem Grunde, dass sie infolge der durch einen Deutschen verursachten Schwangerschaft seitens der norwegischen Bevölkerung missachtet und allein gelassen werden."[122]

Durch diesen Brief wird deutlich, dass der Lebensborn seine Aktivitäten in Norwegen nicht geplant hatte. Erst als es immer mehr Frauen gab, die Kinder von deutschen Soldaten erwarteten, kam die Idee, in die besetzten Gebiete zu expandieren. Gerade in Norwegen war das Interesse sehr groß, da die Bevölkerung überwiegend arischen Blutes war und sich so besonderes gut für die Aufnordung eignete. Nun musste der Lebensborn nur noch die Kontrolle über diese Mütter und ihre Kinder bekommen, damit sie ihren Beitrag zur Vermehrung des deutschen Volkes leisteten.

Es gab in Norwegen elf Einrichtungen des Lebensborn, hier gehörten auch zwei Vorheime dazu, die Schwangeren konnten vor Bekanntwerden ihrer Schwangerschaft in diese Heime

---

[120] Vgl. Olsen 2004, S.7. Der Begriff Kriegskinder wird von Olsen für alle Kinder, die aus Verbindungen zwischen einer norwegischen Frau und einem deutschen Soldaten entstanden (einschließlich der Lebensborn Kinder) verwendet.
[121] Vgl. Lilienthal 1985, S.174.
[122] Sandke 2008, S. 47, aus dem Bundes Archiv: NS 48/29 S.140

gehen und so die Zeit bis zur Entbindung überbrücken.[123] In Norwegen wurden die unehelichen Kinder als Makel angesehen, wenn es dann auch noch das Kind eines Deutschen war, galt dies als Fraternisierung mit dem Feind.

Im August 1941 wurde das erste Lebensborn-Heim in Norwegen eröffnet. Bis zum Oktober 1943 waren es bereits acht Entbindungs- und Kinderheime, hier war insgesamt Platz für 170 Frauen und 387 Kinder.[124] Es gab noch drei weitere Heime, die als Vorheime bzw. Stadtheime galten und die Frauen vor ihrer Geburt betreuten. Durch die Entwicklung des Krieges konnte ein weiteres geplantes Heim nicht mehr in Betrieb genommen werden.

In Norwegen ging man sehr akribisch vor, man analysierte das norwegische Volk nach seinen rassischen Merkmalen. Hier fielen den Deutschen die Samen auf, diese sind ein Naturvolk, die sich bis heute auf die Rentierzucht konzentrieren. Den Nazis war diese Lebensform zu exotisch, so dass sie eine Vermischung mit dem übrigen norwegischen Volk verhindern wollten. Hier zeigte sich allerdings als problematisch, dass sich die Samen in keiner Weise von den übrigen Norwegern unterschieden. Also war man gezwungen, eine geographische Lösung anzustreben. Folglich versuchte man im Norden die Geburtenzahlen zu senken und dafür im Süden des Landes eine Geburtenerhöhung anzustreben. Die bürokratische Vorgehensweise ähnelte der in Deutschland.[125]

Die Frauen kamen wohl in der Anfangszeit nicht von allein in die Heime, sondern erst auf Anfrage. Wenn ihre Schwangerschaft den deutschen Dienststellen bekannt wurde, schickten sie die Frauen zum Lebensborn. Sie mussten genau wie in Deutschland ein Formular ausfüllen, welches zur rassischen Überprüfung galt, ebenfalls mussten sie den Vater des Kindes nennen. Waren alle Anforderungen erfüllt, konnten die Frauen ihr Kind in einem Lebensborn-Heim zur Welt bringen.

Viele Frauen gaben ihre Kinder auch zur Adoption frei, da sie keinen großen Stellenwert unter ihren Landsleuten hatten und sie „Deutschenmädchen" genannt wurden. Die Kinder wurden rassisch und erbbiologisch untersucht, bevor sie nach Deutschland vermittelt werden konnten.[126] Bei einem geringen Wert blieben die Kinder in Norwegen. Genau wie in

---

[123] Vgl. Olsen 2004, S.71.
[124] Vgl. Olsen 2004, S. 71.
[125] Vgl. ebd., S. 30ff.
[126] Vgl. ebd., S. 193: „Bezüglich eines der Kinder, das 1944 nach Deutschland kam, bekam der Lebensborn e.V. eine Akte mit 24 verschiedenen Dokumenten. Sie enthielt Unterlagen, die bei der Adoption üblich waren, wie die Geburtsurkunde des Kindes, die Zustimmung der Mutter zur Adoption, der ausgefüllte Fragebogen der Mutter mit Foto, der ausgefüllte Fragebogen des Vaters mit Foto, das Gesundheitsattest der Mutter und die Vaterschaftsanerkennung des Kindsvaters. Hinzu kamen die rassenpolitischen Gutachten zur Kindsmutter und

Deutschland konnten die Frauen in den Heimen arbeiten, wenn sie ihr Kind behalten wollten. 1941 entschloss man sich auch die Frauen und ihre Kinder finanziell zu unterstützen. Im Gegensatz zu Deutschland mussten in Norwegen nicht die Väter für den Unterhalt aufkommen, hier übernahm der Lebensborn sämtliche Kosten. Genauso wie in Deutschland gab es in den norwegischen Heimen eine weltanschauliche Schulung, welcher eine große Bedeutung zugemessen wurde. Auch hier wurden Reden über die germanische Kultur gehalten, so wurden die Mütter im Rahmen der Eindeutschung an die Ideologie herangeführt.

Durch das Verbot der norwegischen-deutschen Ehe, welches die SS zum größten Teil gegen die Wehrmacht durchsetzten konnte, heirateten etwa 5% der norwegischen Mütter den deutschen Vater ihres Kindes. Nun waren sie nach Hitlers Verordnung 1941 gezwungen nach Deutschland umzusiedeln.[127]

In Norwegen versuchte der Lebensborn mit den Krankenhäusern und Heimen zusammenzuarbeiten. Aus Kapazitätsgründen konnten nicht alle Frauen in einem Lebensborn-Heim aufgenommen werden. Aus diesem Grund kaufte der Lebensborn in norwegischen Krankenhäusern und privaten Entbindungskliniken sowie in Kinderheimen Plätze, um sie dann den Schwangeren und Müttern anzubieten. Es wurde allerdings übersehen, dass die Frauen zwar den Anfeindungen in ihren Heimatstätten entgingen, das Personal in diesen Einrichtungen waren allerdings Norweger, welche eine ebenso feindselige Einstellung gegenüber den Frauen und Kindern hatten.[128] Es wurde von unzureichender Fürsorge der Kinder und äußerster Deutschenfeindlichkeit berichtet.

Der Beweis, dass Kinder, die behindert in einer Lebensborn-Einrichtung zur Welt kamen, den Euthanasie-Aktionen zum Opfer fielen, kann bisher für Norwegen nicht erbracht werden. Allerdings ist aus den Erinnerungen der Angestellten und Mütter zu entnehmen, dass Kinder mit Missbildungen von den Lebensborn-Mitarbeitern ausgewählt und kurze Zeit später abgeholt wurden. Hier wurde behauptet, die Kinder kämen nach Deutschland. Die Kinder entsprachen nicht mehr den Aufnahmekriterien, wenn sie mit einer Behinderung zur Welt kamen. Allerdings bestand die Gefahr durch das Entfernen der Kinder, dass der Widerstand der Norwegerinnen gegenüber den Deutschen zunehmen würde.

---

dem deutschen Kindsvater, Auskünfte der Sicherheitspolizei über die Kindsmutter und ihre Eltern sowie nicht weniger als elf Gutachten zur arischen Abstammung des Kindes."
[127] Vgl. Olsen, S. 145.
[128] Vgl. ebd. S. 68

5 Das Ende des Lebensborn e.V.

Der Traum Himmlers von einem Europa mit arischen Männern und Frauen, die reines arisches Blut und guter Rasse entsprangen, fand in Steinhöring, wo alles anfing auch sein Ende.[129] Wegen der Kriegsentwicklung wurden schrittweise immer mehr Lebensbornheime aufgelöst. Die dort lebenden Kinder wurden in verschiedene Heime innerhalb des Reiches verschickt. Und lebten dort in für sie schnell errichteten Baracken auf dem Gelände, die meisten Kinder wurden nach Heim „Hochland" evakuiert.

Die SS hatte Angst, dass ihre „Elite" Deutschlands in die Hände der Alliierten fallen würden und suchte für die Kinder Pflegefamilien, in denen sie untergebracht werden konnten. Für die zahlreichen Kinder waren allerdings keine Familien zu finden und so wurden sie überstürzt mit Lastwagen und Sonderzügen der SS quer durch Deutschland bis nach Wiesbaden in das Heim Taunus gebracht.

Als die Amerikaner 1945 das Heim „Hochland" bei Steinhöring besetzte herrschten dort unbeschreibliche Zustände. Hier waren 160 bis 300 Kinder untergebracht und das Heim war hoffnungslos überfüllt. In einem der ersten Bücher über den Lebensborn e.V. von Hiller 1975 wird diese Situation wie folgt beschrieben: *„Die „Wiege des Deutschlands der Zukunft" ist noch ein riesiges, schmutziges und heillos überbelegtes Barackenlager. Immer wieder gibt es Streit: man prügelt sich um ein Kinderbett oder um einen Platz am Fenster. [...]"*[130]

5.1 Die Vernichtung der Unterlagen

Obwohl ein panischer Rückzug sowie die Flucht der Lebensborn-Funktionäre herrschte, versuchten diese noch so viele Unterlagen wie möglich zu vernichten. Die Spuren der Kinder sollten vernichtet werden. Es wurde tagelang Papier verbrannt. Allerdings sollen wohl nicht nur die Lebensborn-Mitarbeiter schuld an der Vernichtung der Unterlagen gewesen sein. So behauptet Sollmann, es habe ein amerikanisches Kommando sechs Kisten mit Dokumenten in Nussdorf bei Rosenheim in den Inn geworfen.[131]

Aus diesen Gründen gibt es viele Lücken und die Dokumentenlage ist daher sehr problematisch. Allerdings ist aus dem vorhandenen Aktenbestand noch zu sehen, was damals

---

[129] Weisensteiner, S. 81.
[130] Hillel/Henry 1975, S. 303f.
[131] Lilienthal 1993, S.232.

vernichtet wurde. Es waren wohl die Akten über die Kindsväter, die rassischen Begutachtungen der Mütter sowie die Akten der Pflege- und Adoptionsfamilien.[132]

5.2 Die Rückführung der norwegischen und polnischen Kinder in ihre Heimatländer

Die Besatzungstruppen blieben mit Hunderten von elternlosen Kindern zurück, diese mussten versorgt, ernährt und gepflegt werden. Die Vormundschaftsgerichte übernahmen die Aufsicht der Lebensborn-Kinder. In drei der Lebensborn-Heime waren Kinder zurückgeblieben: in Steinhörig, in Kohren-Sahlis und in Hohehorst. Von den Müttern gab es meist keine Spur, aus diesem Grund waren die Militär- und Zivilbehörden sehr bemüht, sehr schnell Pflegefamilien für die zurückgelassenen Kinder zu finden. Es sollte versucht werden, die Kinder in Familien, die in der Nähe der Heime lebten, unterzubringen. Dies war aber nicht so einfach, da die Lebensborn-Heime in der Bevölkerung immer noch die Aura des Geheimnisvollen umgab. Nach drei Monaten nahm das Internationale Rote Kreuz die Aufgabe wahr, die Kinder zu vermitteln. Erst nach gut einem Jahr waren alle Kinder untergebracht. Viele von ihnen landeten allerdings wieder in Heimen oder wurden von einer Familie zur anderen weitergereicht.[133]

Einige Kinder wurden auch von Angehörigen der amerikanischen Armee adoptiert und in die Vereinigten Staaten gebracht.

Die Kinder drohten allerdings in der Gesellschaft zu Außenseitern zu werden, ihre Herkunft war so offensichtlich, sie wurden als Kinder von SS-Angehörigen und unehelichen Müttern gebrandmarkt. Da ihre Spuren verwischt wurden, waren sie Kinder ohne Vergangenheit.

5.2.1 Die norwegischen Kinder

Im Juni 1944 nach der Invasion der Alliierten musste der Lebensborn e.V. die Arbeit in den ausländischen Heimen beenden. Als Sammellager wurde zunächst das Heim „Taunus" gewählt. Als auch hier die Alliierten ankamen, wurde auf das Heim in Steinhöring ausgewichen. Im April, als die Alliierten dort einmarschierten, lebten dort noch ca. 300 Kinder.[134] Das deutsche Personal verließ weitgehend nach der Kapitulation Deutschlands die deutschen Heime, so waren die Mütter und Kinder auf sich selbst gestellt. Einige der

---

[132] Schmitz-Köster 1997, S.12.
[133] Clay/Leapman 1997, S.22f.
[134] Vgl. Lilienthal 1985, S.236

Angestellten blieben allerdings auch in den Heimen, bis eine weitere Versorgung z.B. durch das Rote Kreuz wie in Norwegen gewährleistet war.[135]

Die norwegischen Repräsentanten beschlossen im Juni 1945, die norwegischen Kinder, welche in Pflegefamilien und Heimen untergebracht waren, nach Schweden zurückzuführen.[136] Diesen Entschluss begründeten sie mit der ablehnenden Haltung der Norweger gegenüber den Kindern. Aus diesem Grund wurden etwa dreißig Kinder nach Schweden geschickt. In den nächsten Jahren folgten ca. 52 Kinder, welche nach Norwegen zurückgeführt wurden.[137] Die Kinder wurden von ihren Pflegefamilien, bei denen sie schon seit mehreren Jahren lebten, getrennt. Danach kamen sie in sogenannte Übergangsheime, von wo aus sie dann ihren leiblichen Müttern übergeben werden sollten.

Dieser Plan scheiterte allerdings in den meisten Fällen. Die Mütter hatten Angst vor Sanktionen und wollten die Kinder aus diesem Grund nicht wieder zu sich nehmen. Die Kinder waren verunsichert, destruktiv und verstanden kein Wort norwegisch.

Kare Olsen schreibt in seinem Buch, dass viele Deutschenmädchen sowie Kriegskinder sagen, für sie hätte der Krieg erst mit Beginn des Friedens begonnen, so trifft dies den Grundtenor der Betroffenen.[138] Gerade in Norwegen waren die Kinder wie auch ihre Mütter Diffamierungen der Bevölkerung ausgesetzt. Die Mütter wurden nicht nur verbal drangsaliert, ihnen wurden auch die Köpfe in aller Öffentlichkeit geschoren.[139] Dies und andere Straftaten wurden als Straßenjustiz angesehen. Von Hausbesitzern wurden die Wohnungen gekündigt, mit der Begründung, die Frauen haben sich mit Deutschen eingelassen. Diese Bestrafung ging so weit, dass ca. 3000 der Mütter von Kriegskindern aufgrund „landesverräterischer Akte" inhaftiert wurden.[140] Auch heute klagen immer wieder norwegische „Lebensborn-Kinder" gegen den norwegischen Staat auf Schadensersatz. Sie kämpfen immer noch um Anerkennung als diskriminierte und zum Teil auch verfolgte Opfergruppe.

5.2.2 Die Repatriierung der Kinder aus den östlichen Ländern

Die Kinder, welche aus den östlichen Ländern verschleppt worden waren, ergaben ein weiteres Problem für die Alliierten. Sie versuchten mit Hilfe verschiedener Organisationen wie z.B. der UNRRA, die IRO, das ITS sowie dem nationalen Roten-Kreuz, die Herkunft der

---

[135] Vgl. Olsen 2004, S.320ff.
[136] Vgl. ebd., S.344
[137] Vgl. ebd., S.346
[138] Vgl. ebd., S.277
[139] Vgl. ebd., S.252
[140] Vgl. ebd., S.265f.

Lebensborn-Kinder aufzuspüren.[141] Dies war allerdings sehr schwer und in vielen Fällen einfach unmöglich. Der Lebensborn e.V. hatte die Spuren der Kinder sehr gut verwischt.

Diese Maßnahmen betrafen sowohl die Kinder, welche noch in den Heimen lebten sowie auch die Kinder, welche bereits in Pflegefamilien lebten oder schon adoptiert worden waren. Es waren sowohl die fehlenden Unterlagen, welche die Herkunft nicht mehr klären ließen, aber auch die mehrmalige Änderung der Daten sowie die Eindeutschung der Namen der Kinder.

Laut Hillel und Henry konnten:

> *„[...] nur fünfzehn bis zwanzig Prozent [...] wiedergefunden werden, und dies oft nur dank einem winzigen Retuschierfehler, der den Nazi-Beamten unterlaufen war: Diese fleißigen, ordnungsliebenden, aber einfallslosen Beamten hatten sich häufig damit begnügt, die polnischen Namen ins Deutsche zu übersetzten, was die Nachforschungen natürlich wesentlich vereinfachte."*[142]

Lilienthal geht allerdings davon aus, dass die Mehrzahl der ausländischen Kinder wieder in ihre Heimat zurückgekehrt ist. Gerade Polen bestand darauf, dass jedes Kind, welches aufgespürt werden konnte, auch wieder repatriiert wurde. Gerade die radikal betriebene Eindeutschung sowie die Zeit, die verstrichen war, hatte aus den polnischen Kindern kleine Deutsche gemacht. Da die meisten Kinder noch sehr klein gewesen waren als sie Eingedeutscht wurden, hatten sie sich an ihr neues Leben sowie die neue Sprache gewöhnt und sich in ihre neuen Familien eingelebt. Die polnische Familie war bei vielen Kindern von den Nazis ausgelöscht worden, so kamen viele Kinder auch in Polen wieder zu Pflegefamilien oder in Heime. Die Kinder mussten zum zweiten Mal innerhalb von wenigen Jahren, ihre Identität sowie ihre Heimat aufgeben.[143] Die Kinder, welche durch die Aktion „Waisenhaus" nach Deutschland gekommen waren, hatten keine Eltern mehr, und waren erst in Deutschland in Familien gekommen, in denen sie meist zum ersten Mal ein richtiges Familienleben kennen lernten. Dieses mussten sie wieder aufgeben, wenn sie nach Polen zurückgeschickt wurden.

Dies darf allerdings nicht darüber hinwegtäuschen, dass die Aktion der Deutschen den betroffenen Kindern durch die Eindeutschung eine traumatische Erfahrung beschert hatte, darunter leiden viele der Kinder heute noch. Sie haben die Trennung von den Eltern, die gewaltsame Einimpfung einer anderen Kultur sowie Sprache, die rassische Auslese durch die SS-Ärzte aber auch der harte Alltag in den deutschen Kinderheimen hatte viele in einen tiefen

---

[141] Lilienthal 1993, S.232.
[142] Hillel/Henry 1975, S.241.
[143] Vgl. Lilienthal 1993, S.232.

Schock versetzt. Meist haben die Kinder das Vertrauen in die Menschlichkeit verloren und sind sehr misstrauisch ihren Mitmenschen gegenüber.

Die Kinder, welche nach Kriegsende nicht von der Suchaktion aufgespürt worden waren, wissen nichts von ihrer Herkunft, sie kennen den Namen der Eltern nicht. Viele wissen noch nicht einmal, dass sie keine gebürtigen Deutschen sind, sondern Polen.[144]

Es wurden etwa 250.000 Kinder von den Nationalsozialisten verschleppt, von diesen Kindern wurde jedoch nur ein Bruchteil vom Lebensborn e.V. betreut und dann eingedeutscht. Es wurde allerdings nur ein kleiner Prozentsatz davon wieder in ihre Heimat zurückgebracht. Einer polnischen Tageszeitung fiel bei einer dieser Rückführungsaktionen auf:

„Bei den letzten Transporten wurde ein beträchtlicher Prozentsatz an körperlich und geistig behinderten Kindern festgestellt. [...] Es bestehen ernsthafte Zweifel an der polnischen Nationalität dieser geistig behinderten Kinder, und es könnte scheinen, als hätten die Deutschen die Gelegenheit genutzt, unerwünschten Ballast abzuschieben. Man darf ja nicht vergessen, dass diese Kinder einen außerordentlich kostspieligen Pflege bedürfen, die in die Millionen gehen kann in Anbetracht der Anzahl dieser nach Polen abgeschobenen Kinder, worüber von polnischer Seite keinerlei Kontrolle geführt werden kann."[145]

Der Deutsche Bundestag befasste sich 1955 mit der Frage, wie es mit den Kindern aus dem Lebensborn weitergehen sollte: *„Abgeordnete und Regierung debattierten über das Schicksal der unehelichen Lebensborn-Kinder und beschlossen, Pflege- und Adoptivkinder in ihrer sozialen Umgebung zu belassen – es sei denn, die leiblichen Eltern würden gefunden."*[146]

---

[144] Lilienthal 1993, S. 195.
[145] Artikel der Warschauer Zeitung Gazeta Ludowa, 16.10.1947, abgedruckt bei Hillel/Henry 1975, S.309.
[146] Schmitz-Köster 1997, S. 12.

6 Diskussion

In diesem Kapitel werden die bis jetzt genannten Fakten in einen Zusammenhang zu den bereits existierenden Meinungen zum Lebensborn gebracht. Bis heute halten sich die mystischen Geschichten zum Thema Lebensborn. Die beiden Diskussionsteile werden sich den Legenden zum Lebensborn e.V. widmen. Hier werde ich erläutern, wie diese Meinungen entstehen konnten. Zum einen handelt es sich um die Meinung, der Lebensborn sei ein karitativer Verein gewesen, zum anderen er sei eine Zuchtanstalt. Hillel und Henry, welche 1975 ihr Buch herausbrachten, befassen sich mit dieser These. Diese Thesen können durch die vorangegangenen Kapitel widerlegt werden. Nun stellt sich die Frage, welchen Charakter dem Verein sonst zuzuweisen ist? Georg Lilienthal versucht hier eine Antwort darauf zu finden. Er schrieb 1985 das erste umfassende wissenschaftliche Werk, welches durch Akten des Lebensborn untermauert wurde. Er charakterisiert den Lebensborn e.V. als ein Instrument nationalsozialistischer Rassenpolitik. Hier werde ich versuchen eine eigene Einordnung zu finden.

6.1 Ein karitativer Verein?

Bei den Nürnberger Prozessen machten die Lebensborn-Angestellten die eidesstattlichen Aussagen, dass der Lebensborn ein karitativer Verein gewesen sei. Man warf ihnen jedoch den Raub von ausländischen Kindern vor, welche zum Zweck der Germanisierung nach Deutschland gebracht wurden. Es wurden dokumentarische Beweise gefunden, dass der Lebensborn bei dem Massaker von Lidice mit den Schicksalen der Kinder verbunden war. Die Eltern dieser Kinder wurden dort ermordet. Dennoch konnte die Anklage nicht nur einen Mitarbeiter des Lebensborn e.V. für die Morde verantwortlich machen. Es wurde damit argumentiert, dass man sich nur um die Kinder gekümmert hätte. Die Mitglieder des Lebensborn wurden freigesprochen und dies wurde damit begründet, dass der Verein eine Wohlfahrtsorganisation gewesen sei, die sich in erster Linie um die schwangeren Frauen und ihre Kinder gekümmert hätte.

Dennoch konnte die Kinderverschleppungen von dem amerikanischen Gericht nachgewiesen werden, jedoch stellte sich heraus, dass nur ein geringer Prozentsatz der Kinder in die Lebensborn-Heime gelangte. Hier handelte es sich wirklich nur um Waisenkinder deutscher Eltern. Dem Lebensborn wurde hier zugute gehalten, dass sie die einzige Organisation gewesen sei, die sich um die Kinder kümmerte und diese angemessen versorgte. Doch hatte der Lebensborn nicht alles für das Wohl der Kinder getan, denn Eltern, welche die Massaker überlebten, forschten nach ihren Kindern. Anfragen an den Lebensborn wurden einfach ignoriert.

Definiert man den Begriff „karitative Tätigkeit" so bedeutet dies, dass die Arbeit des Vereins von Nächstenliebe bestimmt gewesen sein musste und wohltätig wäre.[147] Andererseits kann bereits mit den Aufnahmebedingungen, welche durch rassisch und erbbiologisch wertvolle Kriterien gekennzeichnet waren, dieser Anspruch widerlegt werden. Die Entbindungs- und Kinderheime wurden nicht zum Zweck der Wohltätigkeit errichtet, wäre dies der Fall gewesen, hätte jede Frau hier Aufnahme finden können. Sobald sie jedoch nicht den rassischen Merkmalen entsprachen, fanden sie keine Aufnahme.

Auch der dokumentierte Beweis Georg Lilienthals, mit dem der Lebensborn die Tötung von behinderten Kindern im Rahmen des Euthanasie-Aktionen ausgelöst hatte, stellt ein Argument gegen den karitativen Charakter des Lebensborn dar.[148] Es darf keine Unterscheidung zwischen Hilfsbedürftigen gemacht werden, dieses wird durch die Konformität des Begriffes Nächstenliebe deutlich, gegen diese Bestimmungen hat der Lebensborn hinreichend verstoßen.

Durch die Darstellungen der vorherigen Kapitel kann man einen Eindruck gewinnen, wie die Einordnung des Vereins als karitative Institution zustande kam. Jedoch konnte in einem späteren Verfahren bewiesen werden, dass das Urteil der Nürnberger Prozesse falsch war und der Lebensborn keine karitative Einrichtung war. Dennoch wird diese Deutung, des Verein von der nationalpopulistischen Literatur vertreten.[149]

6.2 Eine Zuchtanstalt?

Wenn man den Begriff Zucht definiert, bedeutet er „Beeinflussung von Populationen, Linien, Rassen und Sorten, durch menschliche Selektion, gelenkte Kreuzung und künstliche erzeugte Mutation."[150]

Folgt man den Argumenten von Hillel und Henry so sind es drei Motive aus welchen die Frauen den Lebensborn aufsuchten:

---

[147] Vgl. Brockhaus 1999, Bd. 11.
[148] Sandke 2008, S. 60. Den Mordaktionen der Nationalsozialisten fielen im Rahmen des „Euthanasieprogrammes" über 120 000 Menschen zum Opfer.
[149] Vgl. Peters 1994
[150] Brockhaus 1999, Bd. 24

„1) Natürliche Fortpflanzung: In seinen Anfängen kümmerte sich der Lebensborn hauptsächlich um Mädchen die schon seit mehreren Monaten schwanger waren oder kurz vor der Entbindung standen und sich buchstäblich in die Heime geflüchtet hatten. [...]

2) Gelenkte Fortpflanzung: Da ihnen ständig gepredigt wurde, ihrer natürlichen Neigung zur Mutterschaft nachzukommen, wandten sich gewisse Mädchen auch direkt an den Lebensborn, um zu erfahren, was man tun müsse um ein Kind zu bekommen. Die Reaktion der Lebensborn-Zentrale auf derartige Anfragen kann als formeller Beweis dafür gelten, dass ein von Himmler ausgearbeitetes Programm zur gelenkter Fortpflanzung bestanden hat.[...]

3) Gelenkte Fortpflanzung."[151]

Diese Ausführungen schafften es, das Bild des Lebensborn zu bewahren. Auch die italienische Illustrierte „Oggi" verfolgte die Argumentation der Züchtungsanstalt und sprach in einem Artikel von gelenkter Paarung, arischer Kinderproduktion sowie Fronturlauben von Soldaten, die sie mit rassisch wertvollen Mädchen verbringen konnten. Hier brachte der Verfasser Giorgio Mistretta folgende Beweise an, die Mädchen hätten sich mit einem Foto im Badeanzug an eine Deckadresse in München wenden müssen. Hierbei vermischte er hier mehrere Tatsachen: die Existenz dieser Deckadressen mit der Prozedur beim Ansuchen um eine Heiratserlaubnis mit einem SS-Angehörigen. Das eine hatte mit dem anderen nichts zu tun.[152]

Die Pläne der Aufzucht existierten lediglich in Himmlers Kopf, diese wurden jedoch nicht in die Realität umgesetzt. Himmler sah den Lebensborn als Vorstadium zu seinen Nachkriegsplänen. Da sollte dann jede Frau, die das 30. Lebensjahr vollendet und noch kein Kind bekommen hatte, es als ihre Ehrenpflicht betrachten Kinder zu bekommen. Diese könne sie dann durch den Lebensborn beziehen, wobei sie sich unter drei SS-Leuten den Vater ihres zukünftigen Kindes aussuchen konnte.[153]

Diese Zukunftspläne hütete sich Himmler in der Öffentlichkeit bekannt zu geben, er vertraute dies nur seinem Masseur Felix Kersten an. Man kann Himmler wohl diesbezüglich nur vorwerfen, dass er mit dem Lebensborn einen Anreiz für eine Bevölkerungspolitik gab, welche die Schranken der geltenden Normen durchbrochen hatte. Die Organisation leiste Vorschub für Ehebruch und untergrub die gängigen Moralvorstellungen der Gesellschaft.[154]

---

[151] Hillel/Henry 1975, S. 128ff.
[152] Weissteiner 2008 S. 76, aus Oggi, 30.09.1978.
[153] Lilienthal 1993, S.156.
[154] Schmitz-Köster 1997, S.16

Dass der Lebensborn eine Zuchtanstalt gewesen sei, wurde bereits in Kriegszeiten argumentiert. Hier muss der Aspekt der Geheimhaltung näher betrachtet werden. Alle Heime lagen meist außerhalb der Städte, auch waren sie eingezäunt sowie nicht einsehbar. Auch gab es in den Heimen polizeiliche Meldestellen, um den Aufenthaltsort der Mütter zu verheimlichen. Die Heime wurden trotzdem von der Bevölkerung sehr wohl registriert, hier gingen nur arisch aussehende Frauen ein und aus. Sie kamen schwanger und verließen die Heime meist ohne ihre Säuglinge. Auch der regelmäßige Besuch von SS-Männern wurde registriert, diese Besuche waren ebenso Kontrollbesuche der Abteilungsführer des Lebensborn. Wenn man diese Sichtweise betrachtet, so ist es verständlich, dass sich das Gerücht der Zuchtanstalt in den Köpfen der Menschen manifestierte. Die Menschen konnten diese Annahmen nicht überprüfen, denn Zutritt zu den Heimen war nur den Lebensbornmitgliedern erlaubt.

Allerdings muss klar und deutlich diesen Gerüchten widersprochen werden, bis heute sind noch keine eindeutigen Beweise also Originaldokumente entdeckt worden, welche diese Annahmen belegten. Also muss dieses Gerücht vehement negiert werden.

6.3 Eine neue Definition

Als erster schaffte es Georg Lilienthal, wie er selbst schreibt, die „historische Wahrheit" zu entschlüsseln.[155] Dies sei nicht in der Verknüpfung beider Annahmen zu finden, sondern es habe ein eigenes Gesicht.[156]

Der Schwerpunkt der Arbeit des Lebensborn zeigt sich in der Hilfe für die ledige Mutter und ihr Kind, jedoch auf der Basis der Auslese und Ausmerze. Durch die Teilnahme des Vereins an bevölkerungspolitischen Maßnahmen seien die Gerüchte abzuleiten, hier ziele es auf einen Bevölkerungszuwachs unter rassenideologischen Gesichtspunkten ab. Bei seinen Ausführungen wird deutlich, dass der Lebensborn e.V. ausschließlich ein Instrument der nationalsozialistischen Bevölkerungspolitik gewesen sei und dadurch die züchterischen Maßnahmen erfüllte.

Es fehlt eine eindeutige Einordnung des Vereins. Verwirrend wird es, da Georg Lilienthal den Verein auch als Wohltätigkeit einordnet. Es wird nun versucht eine eigene Einordnung des Vereins zu finden. Klar ist, dass der Lebensborn eine karitative Tätigkeit gegenüber den

---

[155] Vgl. Lilienthal 1985
[156] Ebd., S. 237

aufgenommen Müttern und Kindern ausübte, und zwar im Sinne der nationalsozialistischen Ideologie. Man kann diese Fürsorge als Vorwand sehen, um die Mütter in die Einrichtungen zu bekommen. Hier schaffte es der Verein Mütter wie Kinder ideologisch zu prägen. Hier zeigt sich, dass der Lebensborn lediglich unter dem Deckmantel der Wohltätigkeitseinrichtung die bestmöglichsten Voraussetzungen für die Betreuung der unehelichen aber auch ehelichen Kinder bot.

Eine aktiv betriebene Geburtenpolitik, welche die außereheliche Zeugung propagierte, fand ihre Umsetzung im Lebensborn. Hier war es auch ledigen Müttern möglich, ihr Kind ohne Diffamierung der Öffentlichkeit aber auch ohne finanzielle Belastung zu gebären. Durch diese unkomplizierte Weise der Geburt gelang es dem Lebensborn, viele Kinder für ihr Ziel der Vergrößerung der arischen Rasse zu gewinnen.

Der Lebensborn baute, um dieses Ziel zu erreichen, sein Einzugsgebiet immer mehr aus. Gerade durch die Kinderverschleppungen zeigte der Lebensborn sein brutales Gesicht, hier arbeitete er ohne Rücksicht auf Verluste, da er hier nur das Mittel zum Zweck sah. Gerade in Norwegen wird verdeutlicht, dass die Frauen im Sinne der nationalsozialistischen Bevölkerungspolitik missbraucht wurden.

Himmler befürchtete, das deutsche Volk würde durch den Geburtenrückgang aussterben, also propagierte er in der SS die außereheliche Zeugung. Allerdings kann man nicht mit Genauigkeit sagen, ob die Schwangerschaften der norwegischen Frauen das Ergebnis von Himmlers Propaganda waren oder einfach nur das Resultat von Liebesaffären deutscher Soldaten und norwegischen Frauen. Die Entstehung der Kinder war für den Lebensborn irrelevant, nur die 7 600 Kinder, die in den Lebensborn-Heimen geboren wurden, stellten einen Erfolg für den Erhalt der arischen Rasse dar.

Wie bereits ausreichend dargestellt, war der Lebensborn keine Zuchtanstalt. Trotzdem dürfen die züchterischen Maßnahmen des Lebensborn nicht ausgeklammert werden. Der Verein betrieb nicht nur eine Auslese, durch die über die Hälfte der Frauen, welche in den Heimen entbinden wollten, abgelehnt wurden, sondern auch eine Ausmerze im Sinne der nationalsozialistischen Rassebestimmungen. Durch die oben genannte Definition von Zucht kann durch die selektive Auswahl sowie die veranlassten Tötungen geschlussfolgert werden, dass der Lebensborn e.V. durch die Vorgabe eines Wohltätigkeitsvereins die nationalsozialistische Bevölkerungspolitik durch rassenzüchterische Maßnahmen erfüllte.

7 Die Lebensborn Kinder – heute

Dorothee Schmitz-Köster setzte sich in ihrem Buch „Deutsche Mutter bist du bereit ... – Der Lebensborn und seine Kinder" mit dem Schicksal der Kinder auseinander. Lebensborn-Kinder, die man nach ihrer frühen Kindheit fragt, können meist keine Auskunft darüber geben. Sie haben keinen Bezug zu ihrer Kindheit.

Auf der einen Seite ist dies auf das frühe Alter zurückzuführen, sie können sich nicht an Gegebenheiten erinnern, die sie mit nur zwei Jahren erlebt hat. Die Hauptsache liegt hingegen in der strengen Geheimhaltung. Wenige Erinnerungen, welche die Lebensborn-Kinder haben, wurden ihnen meist von ihren Eltern erzählt oder sie stützen sich auf ihre kindliche Perspektive ohne gut und böse.

Alle Kinder berichten gleichwohl von einem Gefühl der Verlassenheit, welches wie ein Fluch über ihrem Leben liege und sich nie verlieren wird. Schmitz-Köster stellt drei Möglichkeiten auf, aus welchem Grund die meisten Lebensborn-Kinder nichts von ihrem Schicksal wissen oder es auch verleugnen.

> *„1. Viele Lebensborn Kinder wissen bis heute nicht, was es mit ihrem Geburtsort auf sich hat. So ist es jedenfalls vielen gegangen, die inzwischen Bescheid wissen. Sie ahnen nichts. Sie fragten nicht nach diesem Ort. Und die Mütter, die Eltern, die Verwandten erzählten nichts. Man war eben in Steinhöring geboren in Hohehorst, in Wernigerode oder in Bad Polzin, in Wiesbaden oder Nordrach oder Klosterheide ... fertig.*
>
> *2. Es gibt Lebensborn-Kinder, die wissen, dass sie ebensolche sind, die aber nicht in Erscheinung treten, weil sie dieses Faktum unwichtig finden. Sie glauben, dass die Konditionen ihrer Geburt keine Bedeutung für ihr weiteres Leben haben. Oder sie haben niemals Schwierigkeiten deswegen gehabt. Oder sie sind davon überzeugt, dass sie keine richtigen Lebensborn-Kinder sind, weil sie Vater und Mutter und ihre Beziehung zueinander kennen, folglich nicht „gezüchtet" wurden. Deshalb – so glauben sie – haben sie mit der Institution nichts zu tun. Es ist schon verblüffend, wie groß die Unkenntnis über Lebensborn selbst bei den Betroffenen ist – und wie fest auch in ihren Köpfen das Bild der „Zuchtanstalt" sitzt.*
>
> *3. Lebensborn-Kinder, die Bescheid wissen, sprechen nicht über ihre Geburt, weil es ihnen unangenehm ist. Wegen der Verstrickung mit einer SS. Wegen der Mutter, die auf keinen Fall*

in Misskredit gebracht werden soll. Wegen der Leute, die immer noch an den Mythos von der „Zuchtanstalt" glauben und deswegen abfällige Bemerkungen machen…"[157]

Verständlicherweise gibt es nicht nur das Schweigen, einige wenn auch wenige Lebensborn-Kinder gehen mit ihrer Geschichte an die Öffentlichkeit, oder sind bei Recherchen zu Lebensborn Büchern bereit, ihre Biographie weiterzugeben. Viele schreiben Briefe oder sind bei Lesungen und Tagungen zugegen und melden sich dann zu Wort. Jede dieser Geschichten ist einzigartig und doch sind sie gleich, es gibt viele Parallelen. Eine der oberflächlichsten ist wohl, dass die wenigsten den rassischen Merkmalen der Nazis wirklich entsprechen, die meisten haben dunkelblonde Haare und blau-grau-grün-braune Augen. Ein zweites ist, dass alle ihren Blick auf den Anfang gerichtet haben, hier sind viele weiße Flecke, die geschlossen werden wollen. Sie haben Fragen, die sie endlich beantwortet haben wollen.

Meist sind die ehemaligen Kinder schon über achtzig Jahre alt, die Eltern leben nicht mehr; die eigenen Kinder sind aus dem Haus. Nun haben sie endlich den Mut gefunden nach ihren Wurzeln zu graben. Die nun erwachsenen Kinder wollen alles erfahren, jedes kleinste Detail, der Grund ist wohl, dass sie in einem Kreis des Schweigens aufgewachsen sind.

Die Mutter, Verwandte und Behörden klammerten das Thema Lebensborn aus, sie vertuschten, verleugneten alles was damit zu tun hat, sogar bis heute noch. Genau dieses Schweigen verschluckte die Fragen der Betroffenen, sie wurden zum Schweigen gebracht. Sie führen einen Kampf gegen Verdrängung, Lügen sowie verstocktes Schweigen, traumatisierende Schuldgefühle und oft selbstzerstörter Zweifel.

Viele der ehemaligen Lebensborn-Kinder suchen bis zum heutigen Tage nach ihren biologischen Eltern. Eines haben Mütter wie Kinder gemeinsam, die Angst verlassen zu werden, vor dem Alleinsein aber auch beiseite geschoben zu werden. Sie wollen aber auch Personen, die ihnen alleine Zuwendung und Stabilität geben, diese versuchen sie festzuhalten. Bei der besonderen Biographie der Lebensborn-Kinder ist festzuhalten: Die Kindheit ist die Grundlage, das Fundament unseres Lebens. Jean Paul drückte dies sehr schön aus: *„Mit einer Kindheit voll Liebe aber kann man ein halbes Leben hindurch für die kalte Welt aushalten."* [158]

Den Lebensborn-Kindern ist keinerlei Schuld zuzuweisen, sie sind die Opfer und müssen die Folgen (er)tragen. Die Aufarbeitung dieses Themas fängt jetzt an, leider viel zu spät, wie viele der ehemaligen Lebensborn-Kinder leben noch, können noch erzählen? Die amerikanische

---

[157] Schmitz-Köster 2010, S. 315
[158] Naegler 2007, S.13

Schriftstellerin und Nobelpreisträgerin (1938) Pearl Sydenstricker Buck sagte: *"Kinder, die man nicht liebt, werden Erwachsene, die nicht lieben."*[159] Es ist zu hoffen, dass die Lebensborn-Kinder ihre eigenen Kinder mehr lieben, als es ihre Eltern getan haben. Denn nur so ist der Fluch des Lebensborn in den folgenden Generationen zu vertreiben.

---

[159] Vgl. Naegler, S.12

8 Schlussbemerkung

In der vorliegenden Arbeit habe ich mich mit dem Lebensborn e.V. als geheimnisumwitterter Einrichtung des Dritten Reiches befasst. Durch die Entstehung der Rassenideologien wurde deutlich, dass diese der Grundpfeiler der nationalsozialistischen Rassenideologie sind. Heinrich Himmler, der sehr unter der Macht Adolf Hitlers gelitten hat, versuchte durch den Ausbau der SS seine eigene Macht zu erhöhen. Hitler fokussierte seine rassenideologischen Ansichten durch Ausmerzung minderwertiger Rassen, Himmler hingegen versuchte es durch „Aufnordung".

Heinrich Himmler gründete, da er sich unter andern mit der Geburtenvermehrung als Forderung der nationalsozialistischen Bevölkerungspolitik befasste, den Lebensborn e.V.. Als dessen Aufgabe sah er es, ledigen Müttern die Geburt ihres Kindes fernab der gesellschaftlichen Diffamierung zu ermöglichen. Zum Schutz der ledigen Mutter wurden die Familiennamen der Frauen nicht genannt, auch die Geburten wurden in den eigenen Standesämtern registriert. Die Frauen mussten ein Erbgesundheitszeugnis sowie einen Ariernachweis für sich wie auch für den angegebenen Vater erbringen. Außerdem mussten sie mit einer eidesstattlichen Erklärung die festgesetzte Empfängniszeit bestätigen. Die Frauen konnten sich nach der Aufnahme in die Heime auf ihre Schwangerschaft und Geburt konzentrieren, dies war gerade nach Ausbruch des Krieges ein großer Luxus.

Das nationalsozialistische Rassendogma wird hier besonders in der Satzung deutlich, es wurden nur rassisch und erbbiologisch „wertvolle" Mütter aufgenommen. Kamen behinderte Kinder in den Lebensborn-Heimen zur Welt, so wurden diese sofort in die Tötungsanstalten überwiesen. Dies macht die menschenverachtende Handlungsweise des Lebensborn deutlich, diese konnte jedoch erst in der Nachkriegszeit nachgewiesen werden. Durch das Ende des Lebensborn wird erst deutlich, welche Ausmaße der Lebensborn in Deutschland angenommen hatte.

Durch den Kriegsverlauf konnte sich der Lebensborn in die besetzten Gebiete ausdehnen um so arische Kinder nach Deutschland zu bringen. Hier kann erwähnt werden, dass er dies nicht in jedem der besetzten Länder erreichen konnte. In Norwegen erlangte der Lebensborn die besten Ergebnisse. Durch einen Zufall wurde die Idee entwickelt, in diesem Land auch Lebensborn-Heime zu eröffnen. Hier war ein besonders großer Anteil der nordischen Rasse vorhanden, also trieb hier der Lebensborn sein Engagement besonders eifrig voran, so dass nach kürzester Zeit norwegische Frauen ihre Kinder, die sie von deutschen Männern erwarteten, entbinden konnten.

In den östlichen Ländern wurden keine Entbindungsheime errichtet, sondern man beschränkte sich hier auf das Verschleppen von Kindern, welche durch ihr Aussehen einer arischen Rassenzugehörigkeit zugesprochen wurden. Die Kinder wurden in deutsche Kinderheime des Lebensborn gebracht und sollten dann in deutsche Pflegefamilien vermittelt werden. Mit dem Ende des Lebensborn in Norwegen sowie im übrigen Ausland wurden die Schicksale der Kinder und Familien deutlich.

In der anschließenden Diskussion wurde versucht zwei Legenden, die bis heute um den Lebensborn kursieren, zu widerlegen. Der Verein kann aus den sich ergebenden Ergebnissen also nicht als karitative Einrichtung sowie als Zuchtanstalt angesehen werden. Der Lebensborn ist als Einrichtung einzuordnen, welche sich mit der Vorgabe eine Wohltätigkeitseinrichtung gewesen zu sein, durch die nationalsozialistische Bevölkerungspolitik durch rassenzüchterische Maßnahmen erfüllte. Hier mussten sowohl der karitative Anschein sowie die züchterischen Maßnahmen herausgestellt werden, um so den Verein anhand seiner Aufgaben sowie der Art und Weise wie er sie durchsetzte einzuordnen.

Der Organisation Lebensborn e.V. ging es an keiner Stelle um die Bedürfnisse der Frauen, welche unehelich schwanger geworden waren. Die Fürsorge und Zuwendung galt nur bedingt den Müttern. Schaut man sich Akten aus den Archiven an, so wird daraus deutlich, dass es hier nur um den Erhalt der Schwangerschaft und dann um die Geburt der gezeugten Kinder ging. Es ging also nur um den Erhalt des biologisch wertvollen Lebens. Wenn man sich jedoch die Zeiten anschaut, so ist dies nicht verwunderlich, dass einzelne Individuum zählte nicht, es wurde nur als Mitglied der Gemeinschaft angesehen und wertgeschätzt. Jedoch war es den Frauen, welche in einer akuten Notlage steckten egal warum ihnen geholfen wurde.

Viele hatten Angst vor Vorwürfen und Ablehnung, Scham um verletzte Moralvorstellungen, enttäuschte Erwartungen sowie Unsicherheit hinsichtlich der eigenen Zukunft spielten eine große Rolle. Der Lebensborn versprach Hilfe und so ist es nicht verwunderlich, dass die Frauen alles dafür taten, um in eines dieser Heime zu kommen.

Es war damals eine Selbstverständlichkeit, erbgesund zu sein sowie eine arische Abstammung zu haben. Für die Frauen war der Aufenthalt ein großes Privileg, hier wurden ihnen alle Sorgen und Verantwortungen abgenommen. Er sorgte sich um die Unterhaltszahlungen des Vaters sowie um eine Anstellung nach der Geburt. In den Heimen lebten ja meist nur ledige

Mütter und so wurden aus den Verstoßenen für eine kurze Zeit Verbündete. Das Selbstbewusstsein der Frauen wurde so gestärkt.

Gleichwohl ist klar zu erkennen, dass der Lebensborn auch mit einem anderen Kriegsverlauf seine Tätigkeiten beendet hätte. Die NSV als stärkster Konkurrent errichtete bis Kriegsende eigene Entbindungsanstalten sowohl im Inland als auch im besetzten Ausland und gewann in diesem Sektor immer mehr Kompetenzen.[160] Auch das Gebot der außerehelichen Zeugung hatte nicht die Wirkung gezeigt, welche sich der Lebensborn mit dem Ausbau der Organisation erhoffte.

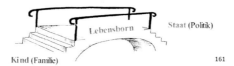

[161]

Schaut man sich die Organisation Lebensborn an, so ist sie eine Verbindung (Brücke) zwischen dem Staat und dem Kind. Die Brücke wurde mit bestimmten Absichten, Forderungen und Zielen vom Staat gebaut. Was durch diese Bindung erreicht wurde, kann man als Austausch beider Ufer ansehen, es war ein gegenseitiges Geben (das arische Kind wird dem Staat gegeben) und Nehmen (Ansprüche, Leistungen werden von der Familie, v.a. den Müttern in Anspruch genommen). Die Brücke stürzte ein, da ihre Träger, die NS-Ideologie und das Ziel eines Endsieges durch die Alliierten zerstört wurden.

Die Lebensborn Kinder versuchen heute genau diese Bruchstücke wieder zu finden und zu schließen, sie wollen ihre eigene Brücke und damit ihre Biographie wieder aufbauen. Viele sind bemüht ihre Kindheit, wenn auch nur bruchstückweise, wieder zu gewinnen.

In dieser Arbeit wird ein Problem thematisiert, welches immer noch Aktualität besitzt. Bereits 1985 publizierte Georg Lilienthal die erste wissenschaftliche Arbeit, welche sich mit dem Lebensborn als Instrument nationalsozialistischer Rassenpolitik befasste. Kare Olsen befasste sich mit dem Lebensborn in Norwegen und veröffentlichte eine dokumentarische Darstellung. Dennoch sind die Zahlen beider Autoren nur Schätzungen. So wurden demnach 20 000 Kinder in den Lebensborn-Heimen geboren.[162]

---

[160] Vgl. Lilienthal 2003, S. 216
[161] Abbildung 9: Naegler 2007, S. 17

[162] Vgl. Lilienthal 2003 und Olsen 2004.

Eines eint alle Lebensborn-Kinder, unabhängig aus welchen Land sie kamen. Sie galten damals als Vertreter der arischen Rasse und somit als Träger bestimmter vermuteter Erbmerkmale und des nordischen Blutes.[163] Gerade für die Kinder, welche in den Entbindungsheimen des Lebensborn zur Welt kamen, galt, dass ihre Väter meist Angehörige der Wehrmacht oder SS waren.

Nichtsdestominder werden bei Erwähnung des Themas in der Öffentlichkeit immer neue Betroffene dazukommen. Hier zeigt sich deutlich ein großer Forschungsbedarf, besonders wenn man den Fokus auf die Nachwirkungen legt, welcher der Heimaufenthalt, sowie die Rückholaktionen in den Köpfen der Kinder hinterlassen haben. Dennoch werden die Lebensborn-Kinder immer älter und je später die Forschung einsetzt, umso weniger können sie als Zeitzeugen zur Aufarbeitung des Phänomens Lebensborn beitragen.

---

[163] Vgl. Biesecke 2009, S.171.

Literatur und Quellenverzeichnis

Ackermann, Josef (1970): *Heinrich Himmler als Ideologe.* Göttingen

Altner, Günther (1986): *Weltanschauliche Hintergründe der Rassenlehre des Dritten Reiches,* EVZ – Verlag, Zürich.

Bäumer-Schleinkofer, Änne (1992): *NS-Biologie und Schule,* Peter Verlag, Frankfurt am Main.

Becker, Peter Emil (1988): *Zur Geschichte der Rassenhygiene Wege ins Dritte Reich,* Georg Thieme Verlag Stuttgart, New York.

Berghoff, Peter (1977): *Der Tod des politischen Kollektivs.* Berlin

Brechtken, Magnus (2004): *Die Nationalsozialistische Herrschaft 1933-1939,* Wissenschaftliche Buchgesellschaft, Darmstadt.

Breiding, Birgit (1989): *Die Braunen Schwestern. Ideologie-Struktur-Funktion einer Nationalsozialistischen Elite,* in: Beiträge zur Wissenschafts-und Sozialgeschichte Band 85, Hrsg. Gömmel, Rainer/Kluge, Ulrich/ Komlos, John/Schneider, Jürgen, Franz Steiner Verlag, Stuttgart.

Brockhaus-Enzyklopädie (1999).24 Bände.20Auflage.Leipzig/Mannheim

Biesecke, Katherine (2009): *Der Lebensborn Frauen zwischen Mythos und Macht,* Demand GmbH, Norderstedt.

Bock, Gisela (1993): *Rassenpolitik und Geschlechterpolitik im Nationalsozialismus,* Vanderhoeck und Rubrecht, Göttingen.

Böltken, Andrea (1995): *Führerinnen im Führerstaat,* Frauengeschichte Bd. 18, Centaurus Verlag, Bamberg.

Breitling, Rupert (1971): *Die nationalsozialistische Rassenlehre,* Hain Verlag, Meisenheim am Glan.

Bryant, Thomas (2011): *Himmlers Kinder Zur Geschichte der SS-Organisation Lebensborn e.V. 1935-1945,*Marix Verlag, Wiesbaden.

Buske, Sybille (2004): *Fräulein Mutter und ihr Bastard Eine Geschichte der Unehelichkeit in Deutschland 1900-1970,* Wallstein Verlag, Göttingen.

Conti, Leonardo (1939):*Säuglings- und Kindersterblichkeit seit 1933, in: Der Öffentliche Gesundheitsdienst.Zeitschrift des Reichsausschusses für Volksgesundheitsdienst e.V.,* der Staatsakademie des Öffentlichen Gesundheitsdienstes Berlin und der Wissenschaftlichen Gesellschaft der deutschenÄrzte und des öffentlichen Gesundheitsdienstes, *Teilausg. A, 5.Jg, H11, Leipzig, S.408-430.*

Corni, Gustavo (1989): *Richard Walther Darre'- Der "Blut und Boden"-Ideologie,* in: Smelser, Roland/Zitelmann, Rainer (Hrsg.): *Die braune Elite,* Darmstadt.

Czarnowski, Gabriele (1985): *Frauen zwischen Auslese und Ausmerze.* Kohlhammer Verlag, Köln, New York.

Drolshagen, Ebba D. (1989):*Nicht ungeschoren davonkommen. Das Schicksal der Frauen in den besetzten Ländern, die Wehrmachtssoldaten liebten,* Hamburg.

Die Grünen im Landtag (Hessen), Bembenek, Lothar, Schwalba-Hoth, Frank (1984): *Hessen hinter Stacheldraht Verdrängt und vergessen: KZs, Lager, Außenkommandos,* Eichborn Verlag, Frankfurt am Main.

Gansmüller, Christian (1987): *Die Erbgesundheitspolitik im Dritten Reich,* Böhlau Verlag, Köln.

Günther, Dr. Hans F.K. (1929): *Kleine Rassenkunde des deutschen Volkes,* J. F. Lehmanns Verlag, München.

Heidenreich, Gisela (2009): *Sieben Jahre Ewigkeit Das geheime Leben meiner Mutter,* Droemer Verlag, München.

Heidenreich, Gisela (2010): *Das endlose Jahr Die langsame Entdeckung der eigenen Biographie-ein Lebensborn-Schicksal,* Fischer, Frankfurt am Main.

Heinemann, Isabel (2003): *Rasse, Siedlung, deutsches Blut - Das Rasse- und Siedlungshauptamt der SS und die rassenpolitische Neuordnung Europas,* Wallstein Verlag, Göttingen.

Hildebrand, Klaus (2009): *Das dritte Reich,* Oldenburg Verlag, München.

Hiller, Marc, Henry, Clarissa (1975): *Im Namen der Rasse,* Zsolnay, Wien.

Hitler, Adolf (1935): *Mein Kampf,* EFN, München.

Hopfer, Ines (2012):*Geraubte Identität. Die gewaltsame Eindeutschung von polnischen Kindern in der NS-Zeit,* Köln/Weimar/Wien.

Jeß, Dr. Friedrich (1935): *Rassenkunde und Rassenpflege,* W.Grünwald Verlag, Dortmund.

Klee, Ernst (2011): *Das Personenlexikon zum Dritten Reich Wer war was vor und nach 1945,* Fischer, Frankfurt am Main.

Klinksiek, Dorothee (1982): *Die Frau im NS-Staat,* in: Schriftenreihe der Vierteljahreshefte für Zeitgeschichte Nummer 44, Hrsg. Bracher, Karl Dietrich/Schwarz, Hans-Peter, Deutsche Verlags-Anstalt, Stuttgart.

Koonz, Claudia (1987): *Die Frau im Dritten Reich,* Kore, Freiburg.

Koonz, Claudia (1991): *Mütter im Vaterland,* Kore, Freiburg.

Kopp, Volker (2007): *Dem Führer ein Kind schenken Die SS-Organisation Lebensborn e.V.,* Böhlau, Weimar.

Kreisjugendring Ebersberg (Hrsg.) (2009):*Begleitbroschüre zur Ausstellung Lebensborn e.V.,* Blumedia Verlag GmbH, München

Lamey, Annegret (2008): *Kind unbekannter Herkunft Die Geschichte des Lebensbornkindes Hannes Dollinger,* Wißner Verlag, Augsburg.

Lehker, Marianne (1984): *Frauen im Nationalsozialismus. Wie aus Opfern Handlange der Täter wurden - eine nötige Trauerarbeit.* Materialis-Verlag Frankfurt am Main.

Lenz, Fritz; Baur, Erwin; Fischer, Eugen (1931):*Grundriss der menschlichen Erblichkeitslehre.* Lehmann Verlag, München.

Lilienthal, Georg (1993): *Kinder als Beute des Rassenkrieges Der Lebensborn e.V. und die Eindeutschung von Kindern aus Polen, der Tschechoslowakei und Jugoslawien,* in: Dachhauer Hefte 9. Jahrgang 1993 Heft 9 (November 1993), Die Verfolgung von Kindern und Jugendlichen, Hrsg. Benz, Wolfgang, Distel, Barbara, Dachau.

Lilienthal, Georg (1993): *Der Lebensborn e.V.,* Fischer, Frankfurt am Main.

Lilienthal, Georg (1985): *Der Lebensborn ein Instrument nationalsozialistischer Rassenpolitik,* Druckhaus Darmstadt GmbH, Darmstadt.

Maiwald, Stefan, Mischler, Gerd (1999): *Sexualität unter dem Hakenkreuz Manipulation und Vernichtung der Intimsphäre im NS-Staat,* Euro Verlag, Hamburg, Wien.

Naegler, Richard (2007): *Lebensborn-Segen- und/oder Fluch Studienarbeit*, GRIN Verlag, Norderstedt.

Olsen, Kare (2002): *Vater Deutscher Das Schicksal der norwegischen Lebensbornkinder und ihrer Mütter von 1940 bis heute.* Cambus Verlag, Frankfurt, New York.

Reinicke, Wolfgang (2003): *Instrumentalisierung von Geschichte durch Heinrich Himmler und die SS*, o.A., Neuried.

Sandke, Claudia (2008): *Der Lebensborn e.V. Eine Darstellung der Aktivitäten des Lebensborn e.V. im Kontext der nationalsozialistischen Rassenideologie*, VDM Verlag Dr. Müller, Saarbrücken.

Scheffler, Detlev (2000): *Fall 8. Der Prozeß gegen das SS-Rasse- und Siedlungshauptamt (RuSHA-Case)*, in: Ueberschär, Gerd R. (Hrsg.):*Der Nationalsozialismus vor Gericht. Die alliierten Prozesse gegen Kriegsverbrecher und Soldaten 1943-1952,*2.Auflage., Fischer, Frankfurt am Main, S.155-163.

Schmitz-Köster, Dorothe (2007): *Kind L 364 Eine Lebensborn-Familiengeschichte*, Rowolt, Berlin.

Schmitz-Köster, Dorothe (2010): *Deutsche Mutter bist Du bereit ... Der Lebensborn und seine Kinder*, Aufbau Verlag, Berlin.

Schmidt, Maruta/ Dietz, Gabi (1983): *Frauen unterm Hakenkreuz*, Elefanten Press, Berlin, S. 93

Seidler, Franz W. (1992): *Lebensborn e.V. der SS .Vom Gerücht zur Legende,* in: Backes, Uwe/Jesse, Eckhard (Hrsg.): Die Schatten der Vergangenheit, Ullstein Verlag, Berlin.

Steinert, Marlis (1994): *Hitler,* C. H. Beck Verlag, München.

Stiller, Alexa (2006): *Die frühe Strafverfolgung, der nationalsozialistischen Vertreibungs- und Germanisierungsverbrechen: Der „RuSHA Prozess" in Nürnberg 1947-1948,*in: Richter, Timm C. (Hrsg.): *Krieg und Verbrechen. Situation und Intention: Fallbeispiele.* München, S.231-241

Thalmann, Rita (1987): *Frausein im Dritten Reich*, Ullstein Verlag, Frankfurt am Main.

The RuSHA Case, in: Trials of War Criminals before the Nürnberg Military Tribunals under Control Council Law NO. 10, New York 1950, H. 5, S. 163.

Vogt, Markus (2010): *Der Lebensborn e.V. in Deutschland und Norwegen,* in: Millitärgeschichte, Zeitschrift für Historische Bildung Heft 1/2010, Hrsg.: Millitärgeschichtliches Forschungsamt durch Oberst Dr. Hans-Hubertus Mack und Oberst i.g. Winfried Heinemann (V.i.s.d.P.), SKN Druck und Verlag GmbH und Co., Norden.

Wagner, Cristiane: *Heilig soll uns sein jede Mutter guten Blutes (Heinrich Himmler),* in: Frischmann, Jutta u.a. (1995): *Und für die Angst bleibt keine Zeit Frauen Leben im Krieg.* Frauenhaus e.V., Frauenbeauftragt Jugendbildungswerk und Volkshochschule Wetzlar, Focus Verlag, Gießen.

Weingart, Peter/ Kroll, Jürgen/Bayerz, Kurt (1988): *Rasse, Blut und Gene. Geschichte der Rassenhygiene in Deutschland.* 1. Auflage, Suhrkamp Verlag, Frankfurt am Main.

Weissteiner, Evi (2008): *Blonde Kinder für Hitler Der Lebensborn e.V. im Dritten Reich*, VDM Verlag, Saarbrücken.

Weyrather, Irmgard (1993): *Muttertag und Mutterkreuz Der Kult um die deutsche Mutter im Nationalsozialismus,* Fischer, Frankfurt am Main.

Wieland, Günther (1986): *Der Jahrhundertprozeß von Nürnberg Nazi- und Kriegsverbrecher vor Gericht.* Staatsverlag der DDR, Berlin.

Zelle, Karl-Günther (2010): *Hitlers Zweifelnde Elite,* Ferdinand Schöningh Verlag, Paderborn.

Quellenverzeichnis

Bräsel, Anna (2009): *Gregor Ebner – Nationalsozialist, Arzt des Lebensborn e.V., Kriegsverbrecher*, Seminararbeit des Seminars „Kriegsverbrechen vor Gericht: Europa 1945-1954" an der Ludwig-Maximilian-Universität München bei PD Dr. Dieter Pohl (Institut für Zeitgeschichte München).

Bayrisches Hauptstaatsarchiv München (HStAM): MSo 1782 (Gregor Ebner).

BA Koblenz, All Proz. 1 XXXXXIV R, 4 Trial Brief against Viermetz vom 12.2.1948, S.1.

Bundes Archiv München: NS 3/1145

Bundes Archiv München: NS 2/65 S.188ff.

Staatsarchiv München (StAM), SpkA K328, Unterlagen Militär Tribunal Nürnberg, Bl. 49-52.

Staatsarchiv München (StAM), SpKAK328, Hauptakten, Bl. 262f.

Rassehygiene und Bevölkerungspolitik: Der Lebensborn e.V., in Volk und Rasse, (1939), Heft 1, S.20.

Staatsarchiv München (StAM), Entnazifizierungsakten der Hauptkammer München, SpKA K328 (Gregor Ebner)

Internetquellen

http://www.zukunft-braucht-erinnerung.de/drittes-reich/herrschaftsinstrument-staat/183.html, aufgerufen am 18.4.2012

http://www.dhm.de/lemo/html/nazi/innenpolitik/lebensborn/index.html, aufgerufen am 18.04.2012

http://www.uni-protokolle.de/Lexikon/Lebensborn.html, abgerufen am 18.04.2012

http://www.geschichtsatlas.de/gel/lebensborn%20-%20Heim.htm, aufgerufen am 18.04.2012

http://einestages.spiegel.de/static/tropicalbumbackground/380/die_kinderraub_maschiene_nazis.html, aufgerufen am 18.04.2012

http://www.karwi.de/else-oventrop/textd/undatiert/6-satzung-des-qlebensbornq-ev.html, aufgerufen am 18.04.2012

Abbildungsverzeichnis

Abbildung 1: S.11, Bryant, Thomas (2011): *Himmlers Kinder Zur Geschichte der SS-Organisation Lebensborn e.V. 1935-1945,* Marix Verlag, Wiesbaden. S.11.

Abbildung 2: S.22, Kreisjugendring Ebersberg (Hrsg.)(2009): „Begleitbroschüre zur Ausstellung Lebensborn e.V.", BLUMEDIA GmbH, München, S. 19.

Abbildung 3: S.25, Bieseke, Katherine (2009): *Der Lebensborn Frauen zwischen Mythos und Macht*, Demand GmbH, Norderstedt, S.61.

Abbildung 4: S. 37, www.fritzberkner.de, abgerufen am 18.04.2012

Abbildung 5: S.47, Bryant, Thomas (2011): *Himmlers Kinder Zur Geschichte der SS-Organisation Lebensborn e.V. 1935-1945,* Marix Verlag, Wiesbaden. S.133.

Abbildung 6: S.49, Bryant, Thomas (2011): *Himmlers Kinder Zur Geschichte der SS-Organisation Lebensborn e.V. 1935-1945,* Marix Verlag, Wiesbaden. S.102.

Abbildung 7: S.49, Bryant, Thomas (2011): *Himmlers Kinder Zur Geschichte der SS-Organisation Lebensborn e.V. 1935-1945,* Marix Verlag, Wiesbaden.S.105.

Abbildung 8: S.52, www.deutsche-und-polen.de, abgerufen am 18.04.2012

Abbildung 9: S.72, Naegler, Richard (2007): *Lebensborn-Segen- und/oder Fluch Studienarbeit*, GRIN Verlag, Norderstedt.S.17.